法官说法丛书

全国“八五”普法推荐读物

CASE

网络著作权纠纷典型案例解析

ANALYSIS

北京互联网法院 / 编

中国法制出版社
CHINA LEGAL PUBLISHING HOUSE

《法官说法丛书》（第二辑）

总编委会

作　　者

李威娜　北京互联网法院四级高级法官

朱　阁　北京互联网法院四级高级法官

伊　然　北京互联网法院四级高级法官

张　倩　北京互联网法院四级高级法官

赵晓畅　北京互联网法院四级高级法官

龚　娉　北京互联网法院四级高级法官

楼三丹　北京互联网法院四级高级法官

颜　君　北京互联网法院四级高级法官

鲁　宁　北京互联网法院一级法官

王　婵　北京互联网法院四级法官助理

方小康　北京互联网法院四级法官助理

张乃毓　北京互联网法院四级法官助理

张　欣　北京互联网法院四级法官助理

郑成凤　北京互联网法院四级法官助理

赵　琪　北京互联网法院四级法官助理

柴榕翔　北京互联网法院四级法官助理

张　圆　北京互联网法院四级法官助理

喻　航　北京互联网法院四级法官助理

李明襦　北京互联网法院聘用制中级法官助理

焦子越　中国政法大学法律硕士研究生在读

目录

CONTENTS

第一章

著作权中作品的界定

案例一

计算机软件智能生成内容不构成作品

——自然人创作完成仍是著作权法上作品的必要条件

喻航[①]

案情回顾

这是我国首例对于计算机软件生成内容是否构成作品进行认定的司法案例。

2018年9月9日，某律所在其微信公众号上发表了《影视娱乐行业司法大数据分析报告》一文。次日，该文章被上传至某互联网公司经营的网络平台，而其中的署名以及引言、检索概况和“注”等内容均被作删除处理。该律所发现后，以该互联网公司侵害了其对《影视娱乐行业司法大数据分析报告》一文享有的信息网络传播权、署名权、保护作品完整权等著作权利为由诉至法院，请求法院判令该互联网公司向其赔礼道歉，消除影响，并赔偿经济损失及合理支出10560元。

该互联网公司答辩称，《影视娱乐行业司法大数据分析报告》是通过法律统计数据分析软件获得，其中的数据并非来源于该律所，相关图表也是由相关数据库自动生成，因此，该报告并非由律所创作，不构成作品。

法院经审理认为，首先，报告中的相关图形是律所基于收集的数据，利用相关软件制作完成，虽然会因数据变化呈现出不同的形状，但图形形状的不同是基于数据差异产生，而非基于创作产生，不构成图形作品。其次，从分析报告生成的过程看，选定相应关键词，使用“可视化”功能自动生成的分析报告具有一定的独创性，但是根据现行法律规定，文字作品应由自然人创作完成，该分析报告仍不是著作权法意义上的作品。软件研发者（所有

---

① 北京互联网法院立案庭法官助理。

者）和软件使用者均不能以作者身份进行署名。但是，从保护公众知情权、维护社会诚实信用和有利于文化传播的角度出发，应添加相应计算机软件的标识，标明相关内容系软件智能生成。同时，软件使用者可采用合理方式在计算机软件智能生成内容上表明其享有相关权益。最后，报告中的文字内容并非软件“可视化”功能自动生成，而是该律所独立创作完成，具有独创性，构成文字作品。最终，法院判决互联网公司向律所赔礼道歉，并赔偿经济损失和合理支出共计 1560 元。

案件审理过程中，计算机软件智能生成的内容是否构成著作权法意义上的作品？计算机软件智能生成的内容是否应受法律保护？倘若应受保护，那么权益由谁享有？由于缺乏先例，这些问题成了法官不断思考的问题。

法理分析

思考计算机软件智能生成的内容是否构成著作权法意义上的作品，首先应当明确什么是作品。

《著作权法实施条例》第二条规定，作品是指文学、艺术和科学领域内具有独创性并能以某种有形形式复制的智力成果。由此可见，我国法律规定的作品构成要件有四项：一是属于文学、艺术和科学领域；二是具有独创性；三是能以某种有形形式复制；四是智力成果。其中“属于文学、艺术和科学领域”和“能以某种有形形式复制”作为事实，相对容易判断，而“具有独创性”和“智力成果”则是价值判断，相比较“智力成果”，因其有人的参与、反映出人对相关内容或表达的自主性和能动性而容易判断，“具有独创性”的判断标准更加抽象，往往是判断的难点。

所谓独创性，分为“独”和“创”，“独”是指作品由作者独立创作，是作品从无到有，从原来形态到现在形态的一个发生、转变的过程，是作者自己构思的产物而不是抄袭自他人已有成果的结果。而“创”则是体现作者智力活动的过程，体现了作者某种程度的取舍、选择、安排、设计，是作者内在思想的外化形式，体现作者一定程度的个性或创造性表达。而从作者个性的表述来看，没有程度高低、多少的问题，只需判断是否有创作空间，即只要不是唯一表达或极其有限的表达，即有创作空间，就可以有作者个性发挥的余地，就能成立创作性。所以作为判断是否构成作品的要件之一，对独创性的判断只涉及有或是没有，不涉及高还是低，有独创性就可能构成作品，也就会受到保护，没有独创性就排除在作品保护之外。这只是一般性问题，与此同时需注意，独创性是一个需要根据具体事实加以判断的问题，不存在适用于所有作品的统一标准。不同种类作品对独创性的要求不尽相同，需要在个案中具体判断。

在理解什么是作品独创性的基础上，我们再进一步分析前述案例中，法院作出裁判结论的依据和逻辑。

本案审理过程中，法院为查明报告生成的过程，进行了现场勘验，过程为：登录相关智能软件，设置相应检索条件，并使用数据库可视化功能自动生成了两份大数据报告。法院将两份大数据报告与涉案文章的内容进行对比后发现：涉案文章与两份大数据报告在图形数据、图形类别、图形分析维度和文字分析内容等方面均不相同；涉案文章中有第一份大数据报告中不涉及的内容。在此基础上，法院对于分析报告中的图形、文字以及涉案作品中的图形文字是否构成著作权法意义上的作品以及某律所是否对涉案作品享有著作权进行了分析：

（一）相关图形部分是否构成作品？

经比对，虽然涉案文章中的图形仅有一幅与分析报告中的图形相近似，但通过计算机软件智能生成的图形是对相关数据内容的直接呈现，数据直接决定了图形的表达，数据相同则表达相同，且由于数据特定，利用常规图形类别处理这些数据，表达十分有限，著作权法对有限的表达不给予保护。再者计算机软件生成的分析报告中的图形的表达不同是数据选择、软件选择或图形类别选择所导致的，并未体现原告的创造性劳动。综上，计算机软件智能生成的图形与涉案文章中的图形，不符合独创性的要求，当然就不构成作品，不在著作权法保护的范围内。

（二）人工智能生成的数据报告是否构成作品？

分析报告系相关软件利用输入的关键词与算法、规则和模板结合形成的，某种意义上讲可认定智能软件“创作”了该分析报告。报告不仅生成了多种形式的可视化分析图形，而且对图形上显示的数据进行了文字分析。其内容涉及对电影娱乐行业的司法分析，符合文字作品的形式要求，涉及的内容体现出针对相关数据的选择、判断、分析。即使针对相同的数据和统计图，也可以从不同的角度进行比对和分析，所得出的结论也并不相同，亦表达不同。因此，计算机软件智能生成的报告的文字部分具有一定的独创性。

但是法院亦否认了自然人以外的实体进行作品创作活动的可能性。本案判决中指出，“自然人创作完成仍应是著作权法上作品的必要条件”。就本案智能软件自动生成的分析报告而言，虽然软件开发者和软件使用者对计算机软件智能生成的报告有投入和贡献，但并未传递两者的思想、感情的独创性表达，所以相关分析报告并非由两者创作。其“创作”实际上是由计算机软件完成的，智能软件的开发者只是提供软件，软件使用者只是提供关键词进行检索，均未直接参与“创作”过程，没有“创作”行为。所以本案中由计算机软件，而非软件开发者或软件使用者“创作”产生的分析报告，虽然满足独创性的要求，但仍然不构成著作权法意义上的作品。

（三）涉案文章是否构成作品？

涉案文章系对一定期间内北京法院受理电影作品案件情况、律师代理情况等方面进行阐述的文字表达，系选定与创作目的相契合的关键词并利用上述关键词对相关智能软件中的数据进行搜索、筛选，再对搜索结果涉及的裁判文书进行梳理、判断、分析最终形成的。经勘验比对，涉案文章与第一份大数据报告在分析北京法院审理电影行业案件数量时，均只用一句话进行了文字描述，均传递出受理案件数量最多的是北京市朝阳区人民法院，其次是北京市海淀区人民法院的含义，但是二者的文字表达不同，文字内容所占比例极小。除此之外，涉案文章与两份大数据报告的文字内容及表达完全不同。

据此，涉案文章的文字内容并非智能软件“可视化”功能自动生成，而是原告在计算机软件智能生成报告的基础上，对其内容进行整理、加工和再创作形成的，这使得涉案文章与分析报告存在较大的差异，这种差异就是原告通过智力活动所创作的智力成果。所以涉案文章是原告独立创作完成，具有独创性，构成文字作品。因此法院认为，从原告提交的证据能够体现原告对涉案文章的创作过程，在无相反证据的情况下，“认定涉案文章是原告主持创作的法人作品”。

法院通过本案明确，当前仍不宜突破民法主体的基本规范，自然人创作完成还是著作权法上作品的必要条件，并非具备了独创性就可以认定相关文字内容构成文字作品。本案法院在判决中也明确指出，计算机软件智能生成的内容不构成著作权法意义上的作品，不受著作权法的保护，故软件研发者（所有者）和软件使用者均不能以作者身份进行署名。

知识拓展

（一）人与人工智能的关系

正确认识人与人工智能的关系，是当前判断人工智能生成内容是否具有可版权性的基础和前提。而人与人工智能的关系不仅涉及法律问题，更涉及伦理、技术问题。

从法律上讲，人工智能并非有血有肉的自然人，其本质只是对人类智慧的模仿，不具有独立的意志能力和情感思维，无法进行价值判断和选择，所以无法像人一样具有法律主体资格。虽然民法中的权利主体不仅有自然人，还有法人等拟制主体，但法人作为拟制主体，其法律意义在于其具有权利能力，可以作为法律效果的归属主体，承担相关法律责任。人工智能与法人的本质区别，在于它不具备意思能力、行为能力，也没有自己的财产，对外更无法承担责任。此外，一旦把人工智能作为拟制主体，突破民事主体的基本规范，那么可以预见的是认定机器的意思表示、侵权主观过错、责任承担方式等都将成为难题，因此不能通过法律拟制让人工智能成为法律主体。这也是多数人坚持私法上主客体不得互换的主要原因。也是上述案例中，法院认为在现阶段自然人创作完成仍应是著作权法上作品的必要条件的原因。

从伦理上讲，当前人工智能已发展为在认知、决策和交互能力上能与人类相比拟的存在，已逐渐覆盖并渗透到人类社会的所有事物，直接触及人类一直引以为豪并独享的智能、情感、意识，一定程度上体现出“主体性”，在某些方面甚至超越人类，对人的主体地位提出挑战；但我们应该理性地认识到此种“主体性”是功能性的模仿而非基于有意识的能动性、自我意识与自由意志，其所具有的“机器意识”也只是深度学习后对相关数据的间接反映，故有学者将其称为“拟主体性”。尽管人工智能工作时表现出“拟人性”的思维，但它不知道自己为何而做，行为有何意义；它的一切应以人类的需求和要求为反应基础，受人支配和控制。相反，人类却可以理解人工智能的生成结果，并赋予其价值与意义。因此，作为人类的创造物，人工智能不可能获得伦理主体地位并获得权利，挑战人的尊严和权威，这是我们不允许、也不愿看到的，机器只应是机器。

从技术上讲，目前我们仍处于人工智能发展的初期，即弱人工智能阶段，人工智能生成内容依然是运行人类的算法、规则、程序的结果，无法依靠所谓的“机器意识”自主设计程序、规则解决问题。人类掌握并运用技术，是技术真正的主人，技术永远服务于人类也依赖于人类。人类利用人工智能模仿人类思维方式的最终目的只是更好地帮助人类认识和改造世界。人工智能作为技术工具而被不断优化改进。在不可预见的未来，人工智能发展到强人工时代时，在进行深度学习、数据喂养后，能否具备自主意识和价值判断能力，甚至是具备能动性不得而知。但在目前阶段，人工智能依然没有摆脱为人类服务的“工具”角色，无法脱离人类，产生技术上的主体性、能动性。

对人与人工智能关系的正确认识，有助于我们在各种观点、学说甚至技术面前消除心理恐慌，更加客观理性认识人工智能的本质以及其生成内容的性质，也更有利于我们对人工智能生成内容的归属进行思考和安排。

（二）计算机软件智能生成内容的权益归属

但需要注意的是，如上所述，法院判决明确了计算机软件智能生成的报告不属于著作权法意义上的作品，那是否意味着人工智能生成内容不受法律保护，公众可以自由使用了呢？如果不可以，那相关权益又归属于谁？

在上述案例中，经过利益衡量，法院认为，对于软件研发者（所有者）来说，其利益可通过收取软件使用费用等方式获得，其开发投入已经得到相应回报，如果将分析报告的相关权益赋予软件研发者（所有者）享有，软件研发者（所有者）并不会积极应用，不利于文化传播和科学事业的发展。对于软件使用者而言，其通过付费使用进行了投入，基于自身需求设置关键词并生成了分析报告，其具有进一步使用、传播分析报告的动力和预期。因此，应当激励软件使用者的使用和传播行为，将分析报告的相关权益赋予其享有。

其实在我国著作权理论中，关于作品的原始归属有两种情况：一是归属于创作作品的公民；二是归属于特定的单位、法人或者非法人组织，在职务作品、委托作品等特殊作品中，特定的单位、法人或者非法人组织基于法律的规定或者合同的约定取得著作权，成为著作权人。在确定权利主体时常遵循这样一个原则，即作品的著作权人应该是对作品产生“做出必要贡献”且“作品体现其意志”的人，要么投入了智力创作（自然人作者），要么提供了物质技术条件（法人或者非法人组织）。人工智能生成内容的权利归属，在没有特别约定的前提下也应遵循上述原则，合理确定其权利人。根据上述原则，人工智能生成内容应归属于对人工智能生成内容产生“做出必要贡献”的人或组织，即有付出才有回报。其次基于文化传播等公共利益的衡量，对人工智能生成内容权属的确定，也应考虑鼓励智能软件的积极应用，促进生成内容的传播，发挥其价值，将相关权益赋予更具有传播动力的软件积极应用者。

普法提示

（一）正确认识计算机软件智能生成内容

随着科学技术的高速发展，我们已经进入了一个完全崭新的时代，那就是“人工智能”时代。虽然目前我们仍处于“弱人工智能”时代，但人工智能已经逐渐改变了我们工作生活的方方面面。人工智能在带来巨大经济利益的同时，也给法律制度带来前所未有的挑战。我们首先需要面对的就是人工智能在文学、艺术等内容生成方面的法律挑战。

本讲通过对计算机软件智能生成内容是否构成著作权法意义上的作品加以分析判断，明确认定相关文字内容是否构成著作权法意义上的作品所需要满足的条件，尤其是明确了在现阶段不宜对民事主体的基本规范予以突破的情况下，自然人创作完成仍应是著作权法上作品的必要条件，同时明确计算机软件智能生成内容的权益归属，对人工智能和大数据应用时代背景下的著作权保护问题进行了有益探索，为大数据环境下软件智能生成内容的著作权保护、利益分配问题提供了思路。

目前我们仍处于“弱人工智能时代”，在当前的法律规定下，人工智能生成内容尚不具备作品构成要件。不过，由于人工智能生成内容与自然人创作的作品在表现形式上一般并不存在差异，因此，实践中如何区分人工智能生成内容与自然人创作的作品存在难度。人工智能生成内容的保护问题已不可回避且有很大的探讨空间，期待未来相关法律对此问题做出具体的回应。

（二）如何对待计算机软件智能生成内容？

前文所述，计算机软件智能生成的内容不构成作品。但利用计算机软件生成的内容在此基础上再加工创造，如果包含了使用者的独创性表达，就有可能构成作品。如前述案例中，法院以原告未提供证据为由驳回了涉案文章的图形系在相关数据库自动生成的图形的基础上，再由人工进行线条、颜色等外观美化形成的主张。如果能够提供证据证明其是在此图形部分的基础上再进行加工创作，使用线条、颜色等元素加以美化，那么可能具有著作权。由上可见，对于计算机软件智能生成的图形而言，虽然数据直接决定了图形的表达，数据相同则表达相同，从而不符合独创性的要求。但是，在自动生成的图形的基础上，可通过线条、色彩等方式进行进一步加工，这种美化的过程就是作者在进行独创性表达的过程，从而可能最终形成著作权法意义上的作品。但在判断图形是否侵权时，仍应当剔除自动生成图形的表达部分，主要对比再加工的线条和色彩等元素是否构成实质性相似。

对于相关文字部分，如果软件使用者想要对计算机软件智能生成的分析报告中的文字享有著作权，则应该摆脱机械性的照搬照用，而结合使用场景、使用目的对分析报告中的文字部分进行一定程度的深度加工、整合、汇编，实现再创作，从而体现自己的独创性。其次亦可通过分析数据产生的原因、挖掘数据背后所蕴含的信息、预测数据未来的发展趋势等方式挖掘数据价值，提炼数据重点，撰写报告，对人工智能生成内容进行再应用，形成相应独创性的文字内容，赋予软件生成内容新的表达方式、使其具有更大价值。

此外，软件使用者虽然不能以作者身份署名，但软件使用者可以采用合理方式表明其享有相关权益，如通过添加水印、添加生成软件的标识，亦可通过合同约定或者协商确定相关权益归属。

案例二

短视频是否具有独创性？

——解析著作权法的独创性要求

朱阁[1]　鲁宁[2]

案情回顾

（一）一个纪念汶川地震十周年的号召

2008年5月12日，在中华民族5000年的历史长河中，本应当是再普通不过的日子。但突如其来的特大地震带走了天府之国的祥和宁静，让这一天变得不再普通。

十年转瞬即逝，那个当年曾经几乎成为废墟的县城也逐渐恢复了生机，迎来了希望。然而发生变化的不仅是这座县城，10年来，互联网技术日新月异的发展更是有目共睹。就在汶川特大地震十周年之际，相关部门携手近百家党媒单位，共同发起以“铭记劫难，致敬重生，以己之力，勇往直前”为主题的互动活动。互动活动与妙音平台合作，发起“#5.12，我想对你说#”话题，发布示范视频，视频中的主人公伴随音乐表演手势舞，光线或衣服由暗至明有相应变化，同时发出邀请网友用手势舞接力的倡议，用个性化的表达纪念汶川地震十周年。

（二）一个引发关注的“网红”短视频

“小黑”，一个充满创意的年轻人，他发布的短视频往往立意新颖，频频获得点赞，很快成为妙音“网红”。为响应纪念汶川地震十周年的号召，他想要通过现代酷炫的特效方式来展现灾后重建后生机勃勃的画面。在点开示

---

① 北京互联网法院综合审判二庭法官。

② 北京互联网法院综合审判二庭法官。

范视频，了解了固定的手势舞、伴音及明暗变化后，他通过自己的设计、编排、剪辑、表演，在短短13秒内创作了一条短视频并上传到了其独家签约的妙音平台上。

“惜福感恩！”“最暖心的视频”“正能量，很喜欢这个视频”，“小黑”的短视频一经发出就获得了网友们的称赞和转发，将近300万的点赞量让这条短视频也成为“网红”。

（三）“网红”短视频是如何产生的?

这个“网红”短视频只有13秒，其中手势舞、伴音来自示范视频，背景图片是从网络中下载的。人物形象采用的是“小黑”一贯的蒙面帽衫男子形象，拍摄时采用的是绿幕拍摄，后期将人像抠出。将活动的人物形象与背景素材进行合成，形成新的视频画面，动态场景和视觉特效是在图片素材的基础上，使用计算机软件制作完成的。最终，网友们看到的是，一蒙面并穿黑色帽衫的男子站在天空灰暗、地面开裂、电线杆倾斜、楼宇残破的废墟中，用手势舞进行祈福，祈福后，镜头由近及远拉伸，地裂合拢、电线杆竖立、绿树成排、蓝天白云重现、表演者衣袖变红等画面变化，整个过程伴随音乐。

（四）妙音平台与伙伴平台之争

故事说到这儿本应就结束了，但是“小黑”签约的妙音平台却发现在伙伴平台上出现了这个短视频，于是妙音平台随即向伙伴平台发送告知函要求其删除该短视频，并向法院提起诉讼。妙音平台认为短视频虽然只有13秒，但是应作为以类似摄制电影的方法创作的作品（简称类电作品）受到著作权法保护；伙伴平台擅自提供短视频的播放和下载服务，侵害了妙音平台享有的信息网络传播权；而且伙伴平台上的这个短视频抹去了妙音平台和用户ID水印，属于破坏技术措施。所以，妙音平台要求伙伴平台刊登声明，消除影响，赔偿经济损失和合理开支共105万元。

伙伴平台却认为，这个短视频不具有独创性，不能构成作品；伙伴平台仅提供信息存储空间服务，短视频是网友上传的，伙伴平台履行了“通知—

删除”义务，不构成侵权，不应承担责任。

法理分析

本案最关键的争议焦点在于，“小黑”发布的短视频（简称涉案短视频）是否构成我国著作权法规定的以类似摄制电影的方法创作的作品（简称类电作品）。《著作权法实施条例》第二条规定，著作权法所称作品，是指文学、艺术和科学领域内具有独创性并能以某种有形形式复制的智力成果。《著作权法实施条例》第四条第十一项规定，类电作品，是指摄制在一定介质上，由一系列有伴音或者无伴音的画面组成，并且借助适当装置放映或者以其他方式传播的作品。

涉案短视频显然符合“摄制在一定介质上，由一系列有伴音或者无伴音的画面组成，并且借助适当装置放映或者以其他方式传播”这些形式要件。原告主张涉案短视频构成类电作品，而被告认为该短视频不具有类电作品所要求的独创性。那么，涉案短视频是否属于类电作品，关键就在于对其独创性方面的判定。

何谓著作权法意义上的“独创性”呢？《最高人民法院关于审理著作权民事纠纷案件适用法律若干问题的解释》第十五条规定，由不同作者就同一题材创作的作品，作品的表达系独立完成并且有创作性的，应当认定作者各自享有独立著作权。根据上述规定，作品具有独创性，应当具备两个要件：1. 是否由作者独立完成；2. 是否具备“创作性”。司法实践中，对于第一个要件的把握比较统一，往往从“并非对他人作品的抄袭”这一方面着手，只要相对方未举证证明存在在先相同或实质性相似的其他作品，即可认定作品由作者独立完成。对于“创作性”的认定，司法实践中的裁量空间较大。

（一）关于“独立完成”的认定

本案中，“小黑”响应党媒平台和人民网的倡议，以“铭记劫难，致敬重生，以己之力，勇往直前”为主题，以党媒平台及人民网示范视频中的手势舞、伴音、明暗变化为基本元素，以网络下载图片为基础素材，结合软件技术制作了涉案短视频。那么，判断涉案短视频是否符合“独立完成”的要求，应以该短视频与上述示范视频、网络图片之间是否存在能够被客观识别的差异为条件，主题相同并不影响涉案短视频是否系独立完成的认定。

事实上，示范视频和网络下载图片是原本没有任何关系的独立元素，“小黑”将上述元素结合制作出的涉案短视频，与前两者存在能够被客观识别的差异。涉案短视频与妙音平台上其他参与同一话题的用户制作的短视频也存在较大区别，且没有证据证明在该短视频发布前，存在相同或近似的短视频内容，所以法院认定涉案短视频是由制作者独立创作完成的。

（二）关于“创作性”的认定

随着移动智能终端的普及和软件开发技术的发展，自 2016 年起，大批移动短视频应用密集问世，短视频内容创业者呈爆发式增长，短视频行业迎来快速发展期。短视频融合了文字、图片、语音和视频等内容，直观、立体地满足了用户多元化的表达与沟通需求。在这个背景下，界定短视频作品的创作性标准，对确保短视频传播正常有序、促进文化繁荣发展、创造社会财富有着重要的现实意义，司法审判应持审慎积极的态度，妥善运用创作性裁量标准，以利于新兴产业的发展壮大。

短视频具有创作门槛低、录制时间短、主题明确、社交性和互动性强、便于传播等特点，是一种新型的视频形式。上述特点一般会使短视频制作过程简化，制作者以个人或小团队居多。由于短视频的创作和传播有助于公众的多元化表达和文化的繁荣，那么在判断短视频是否符合创作性要求时，法院认为对于创作高度不宜苛求，只要能体现出制作者的个性化表达，即可认定其有创作性。

具体到本案，法院认为应当考量如下几个因素：

第一，视频的长短与创作性的判定没有必然联系。客观而言，视频时间过短，有可能很难形成独创性表达，但有些视频虽然不长，却能较为完整地表达制作者的思想感情，则具备成为作品的可能性。在此情形下，视频越短，其创作难度越高，具备创作性的可能性越大。

第二，涉案短视频体现出了创作性。该视频的制作者应党媒平台的倡议，在给定主题和素材的情形下，其创作空间受到一定的限制，体现出创作性难度较高。涉案短视频是一个有机统一的视听整体，其中包含了制作者多方面的智力劳动，具有创作性。虽然该短视频是在已有素材的基础上进行创作，但其编排、选择及呈现给观众的效果，与其他用户的短视频完全不同，体现了制作者的个性化表达。

第三，涉案短视频唤起观众的共鸣。正值汶川特大地震十周年，涉案短视频以公众乐于接受的形式传递出一份重生的安慰、一种温情的祝福、一股向前的力量，回应了公众心中对于汶川地震遇难同胞的缅怀之情，对于灾区人民的致敬之意，对于美好生活的向往之念。该短视频带给观众的精神享受亦是其具有创作性的具体体现。

因此，涉案短视频具备著作权法的独创性要求，构成类电作品。

（三）短视频“独创性”标准的启发

独创性标准取决于行业及短视频本身的特点。短视频的制作与传播行业，是随着技术的发展、资本的进入而快速崛起的新兴产业。作为新兴产业之一，短视频丰富了公众表达的方式，如果不给予保护，将会产生更多侵权或被侵权的乱象，而且短视频符合著作权法关于作品的定义。因此，短视频应当受到著作权法的保护，以确保文化繁荣进步、行业有序发展。

对于这种因时长较短导致创作空间有限的短视频，笔者认为只要有“一点火花”就可以认定为作品，如果标准过高，可能短视频行业中就没有作品、只有制品了。原有的著作权理论与实务对视频的预设是以电影、电视剧为主要模型的，这类视频的制作拥有的可发挥的余地、所投入的智慧、体力甚至是资金均较大，对于作品和制品的区分，有时划定的标准较高。产业的革新会给现有的理论和实践带来一定的冲击，唯有面向未来的思考，而非固守历史的标准，才能选好当下的路径。这里的“一点火花”指的是可识别的差异性。这个差异，不是思想、意图或是创作过程的差异，而是作品的最终形态与现有或同时产生的表达相比，是否存在可以识别的差异。思想、创作过程、拍摄手法和技术手段，均与独创性的认定无关。

独创性的自由裁量也要受限于特定客体相关受众的认知。首先，创作性既是事实判断，也是价值判断，而这个价值不能仅是个体法官推崇的价值，应尽量追求公众普遍认同的公共价值；其次，作品本身具有社会性，甚至是商品性，独创性的理解依赖于相关领域公众的理解。所以，本案的判决将受众的感受、其他用户对于涉案短视频的分享行为也作为创作性的考量因素。

知识拓展

（一）“通知—删除”规则的适用

根据伙伴平台公示的用户协议、提交的后台记录，可以认定伙伴平台上的被控侵权短视频是网友上传的，伙伴平台只是提供信息存储空间服务。而且，伙伴平台在收到妙音平台的纸质投诉函后，就及时删除了被控侵权短视频。现有证据无法证明伙伴平台对于被控侵权短视频是否侵权存在明知或应知的主观过错，且已履行“通知—删除”义务，其行为符合进入“避风港”的要件。无论在伙伴平台上传这个短视频的网友是否构成侵权，伙伴平台作为网络服务提供者，不构成侵权，不应承担责任。

这里我们需要明确下“通知—删除”规则的具体适用。

“通知—删除”规则与“避风港原则”是什么关系？“通知—删除”规则是“避风港原则”的核心，是网络服务提供者进入“避风港”的“通行证”。我国设立“避风港原则”的基本目的与价值取向是不使网络服务提供者轻易承担过重的责任，以保护和促进新兴网络产业的健康发展。“通知—删除”规则对权利人、网络服务提供者、网络用户三者之间的利益进行均衡，意在通过权利人和网络服务提供者携手合作共同制止侵权行为。

《民法典》第一千一百九十五条与“避风港原则”又是什么关系呢？《民

法典》第一千一百九十五条规定："网络用户利用网络服务实施侵权行为的，权利人有权通知网络服务提供者采取删除、屏蔽、断开链接等必要措施。通知应当包括构成侵权的初步证据及权利人的真实身份信息。网络服务提供者接到通知后，应当及时将该通知转送相关网络用户，并根据构成侵权的初步证据和服务类型采取必要措施；未及时采取必要措施的，对损害的扩大部分与该网络用户承担连带责任。权利人因错误通知造成网络用户或者网络服务提供者损害的，应当承担侵权责任。法律另有规定的，依照其规定。"首先，"避风港原则"的前提即网络服务提供者对于被控侵权客体具有较大侵权可能性不存在明知或应知的主观过错。其次，不符合"避风港原则"的，不是直接承担侵权责任，而应当根据《民法典》第一千一百九十五条判断网络服务提供者是否应当承担相应的侵权责任。

具体何谓"通知"，网络服务提供者如何才能通过"过错"的检验而驶入"避风港"，是需要从利益平衡的角度予以整体考量的，使权利人、网络服务提供者和社会公众的利益均能各得其所。

需要强调的是，"通知—删除"规则的设置目的，是平衡网络环境下著作权人和网络服务提供者的利益，既有利于网络平台的健康发展，又有利于著作权人的权利保护，因此，对于"通知—删除"规则的适用，应本着诚实信用原则，最大化地发挥规则的善意。权利人在能够获取公开投诉渠道的情况下，应当按照最经济、最直接的方式进行维权。平台服务的提供者，仅依赖"避风港原则"是不够的，有责任通过更加积极有效的管理履行平台义务。在本案中，法院正是以诚实信用原则作为适用"通知—删除"规则的指导原则的，以此平衡个案中双方的利益，既为法官自由裁量权的行使指明方向，又有利于当事人乃至公众善意观念的养成。

（二）浮水印技术应用的法律属性和发展空间

本案中，涉案短视频从妙音平台上下载后应当加载有妙音平台和用户 ID 的水印，而在伙伴平台上传播的被控侵权短视频上未显示有上述水印，可以推定上述水印已被消除。妙音平台据此认为伙伴删除了水印，破坏了妙音平台采取的技术措施。

其实，浮水印并非著作权法意义上的技术措施，不具有阻止对著作权法中的特定客体实施特定行为的功能。水印更具备表明某种身份的属性。其中，制作者用户 ID 号表示了制作者的信息，更宜认定为权利管理信息；“妙音”字样，表示了传播者的信息。被控侵权短视频系网友上传，消除水印的行为人并不是伙伴平台。

这里我们需要厘清技术措施和权利管理信息：它们不属于著作权法上的权利，采取技术手段并非构成著作权法上的技术措施，单纯的权利管理信息不是著作权法上的技术措施，权利管理信息与署名不同。实际上，技术是手段，重要的是行为的法律特征，浮水印应用的法律属性是什么，应该看这项技术在具体案件中是如何使用的。

推进技术应用的规范化工作，是充分保障当事人权利救济和解决法院认定难等实践问题的出路之一。为此，法院专门就此问题向相关版权管理部门发送了司法建议：鼓励平台企业运用技术保护著作权，构筑“法律法规 + 行政执法 + 行业自律 + 技术运用”的立体综合的版权保护体系；明确相关技术的使用规范，规则制定应清晰明了、简单易行。上述司法建议得到了该部门的重视，表示将在日后的执法与立法建议中切实予以体现。

普法提示

目前，短视频行业蓬勃发展，但是内容鱼龙混杂。在认定短视频是否具有独创性、是否构成作品时，我们需要明确的是，不是所有的短视频都具有独创性，还是要按照判决中树立的衡量标准，并结合个案情况，进行具体分析。这样才能鼓励短视频用优质内容传递主流价值，这对正本清源、明确导向，促进公众的多元化表达，推动文化繁荣发展，创造社会财富有着重要的现实意义，并且有利于新兴产业不断发展壮大。

此外，有关部门、权利人还可以运用技术手段加强版权保护，如使用信息 DNA 技术维护权利人合法权益，支持传播平台进一步落实监管责任；调研水印、指纹技术在作品传播中的使用情况和现实需求，推动行业自律规范，鼓励传播平台为权利人提供维权服务；升级改造无纸化作品自愿登记系统，为权利人提供初步证据，并积极为版权立法提供建议等。

案例三

体现独创性的延时摄影是否属于类电作品？

张圆[①]

案情回顾

原告周星星，是一名设计师，也是一名摄影爱好者，喜欢用镜头去捕捉生活中的美。为什么不能用静止的照片去表现动态的画面呢？这个想法在周星星的脑海中挥之不去。一次偶然的机会，周星星开始接触延时摄影，周星星明白原来真的有办法用静态的照片去演绎动态的画面。周星星被延时摄影深深地吸引，希望拍摄属于自己、代表自己生活的延时摄影。经过反复的研究与踩点，周星星选定了71个北京的地标性景观作为素材，如长城、故宫、鸟巢、国贸等景点，基本囊括了古、今、人文、自然类的景观。为了长城云海这一个镜头，周星星整整耗时三年，每一次长城拍摄都遗憾错过云海，直到第三年才完成了这一景观的拍摄。三年间，周星星也时常感到焦虑，也曾出现过放弃的念头，但为了梦想和兴趣，周星星都坚持了下来。一个人，两部相机，三年时光，四季交替，周星星共拍摄了5392张照片，通过软件编辑、后期配乐，终于形成了《延时北京》这部作品。这部作品荣获国内外多项大奖。

申屠徐徐，1996年出生，是一家网店的经营者，主要从事摄影器材、素材的售卖，摄影素材包括各类高清图片、视频以及延时摄影作品，这些素材存储在网盘中。买家付款后，申屠徐徐会把网盘链接发送给买家，买家通过下载便能够获取所购买的资源。周星星得知有人在网店中公开售卖自己辛辛苦苦拍摄的延时摄影作品，便去寻找售卖其作品的网店，希望维护自己的合法权益，经过反复寻找，其发现申屠徐徐经营的网店出售其拍摄的摄影作品，并提供相应的下载方式。周星星向网店平台进行投诉，要

---

① 北京互联网法院立案庭法官助理。

求网店平台下架该商品，同时要求申屠徐徐对其进行赔偿，但申屠徐徐拒绝赔偿。

周星星遂聘请了律师，将申屠徐徐诉至法院，要求判令申屠徐徐连续三天在《北京晚报》(非中缝位置)及其网店主页刊登致歉声明并赔偿经济损失100000元。

周星星诉称，其系延时摄影人，中国延时摄影联盟会员。《延时北京》系将单个静止的摄影作品串联起来，得到一个以类似摄制电影的方法创作的作品。《延时北京》由5392张单幅摄影作品、71个不同场景组成。周星星将该类电作品创作完成后，首次公开发表在网络上。周星星在网站上搜索"北京延时摄影素材"，发现申屠徐徐通过网络销售传播包含《延时北京》场景的作品。

申屠徐徐辩称，其无意侵犯周星星对涉案作品的相关权益。申屠徐徐系从其他网店购买涉案作品，当时网店店主未做任何声明，视频本身也没有任何版权说明。申屠徐徐并不知道涉案作品著作权系周星星所有。申屠徐徐收到网店平台的处理通知后，才知道涉案作品著作权系周星星所有，立即将包含涉案作品的宝贝商品、分享链接及原视频删除。

周星星向法院提交了涉案视频素材的照片、作品登记证书、涉案视频原件。

经审理，北京互联网法院认为，周星星以北京城市地标性建筑为背景，拍摄5000余张照片，之后利用照片素材通过电脑软件制作成涉案视频，在保留摄影作品高画质的同时，赋予静止的照片以动态，形成具有美感的连续画面，并且制作者在素材选取、主题内容的表达上具有独创性，故涉案视频属于我国《著作权法》第三条第六项(现已修改为"视听作品")规定的"以类似摄制电影的方法创作的作品"；申屠徐徐通过涉案网店向公众出售包含涉案视频的文件，购买人付款后通过百度网盘或邮箱获得包含涉案视频的文件，可以在其个人选定的时间和地点获得涉案视频，并且未表明作者身份，侵犯了周星星对涉案视频享有的信息网络传播权与署名权；申屠徐徐的行为造成损害的影响限于其涉案网店，故需在其网店主页刊登致歉声明，无需在

《北京晚报》赔礼道歉。而就应当承担的经济损失与维权合理开支，由法院根据创作难度、作品类型、侵权行为性质及后果等酌情确定。

综上，法院判决申屠徐徐在其经营的网店主页公开发表致歉声明并赔偿周星星 8000 元，驳回周星星的其他诉讼请求。

法理分析

关于本案，有几个问题需要进一步解释。

（一）电影作品及以类似摄制电影的方法创作的作品的构成要件

《著作权法》所称的作品，是指文字、艺术和科学领域内具有独创性并能以一定形式表现的智力成果。电影作品和以类似摄制电影的方法创作的作品也不例外，必须符合作品的构成要件。

首先，必须是人类的智力成果，电影作品和以类似摄制电影的方法创作的作品必须是摄影师经过对拍摄角度、光线明暗、光圈和距离的选择等综合考量后拍摄的，如果是摄影师将摄像机放在奔跑的动物身上录制的视频则不属于作品。其次，必须是能够被他人客观感知的外在表达，电影作品和以类似摄制电影的方法创作的作品的抽象思想并不受到保护，只有对思想的具体表达才受到保护。最后，必须是具有独创性的外在表达，电影作品和以类似摄制电影的方法创作的作品必须是源于本人的独立创作且属于智力创造的成果，独立创作既可以是“从无到有”，如摄影师拍摄视频，也可以是“从有到优”，如将摄影师拍摄的视频进行配乐、剪辑，导致二者之间存在可以被客观识别的差异；而电影作品和以类似摄制电影的方法创作的作品的智力创造的成果也明显区别于其他作品，导演对剧本的改编与重新设计，对场景的安排，对演员从神情、动作到语言的指导；摄影师根据导演的要求对拍摄角度、距离的选择和对光线明暗的把握；后期制作中使用软、硬件工具对录像的剪辑、编排和加入蒙太奇等特技效果等，都反映了参与创作者极富个性化的选择与判断。

英美法系与大陆法系对独创性的不同要求也体现在电影作品和以类似摄制电影的方法创作的作品上。美国等英美法系国家对电影作品和以类似摄制电影的方法创作的作品要求极低，只要不是翻拍，由人拍摄的连续影像几乎都会被认定为作品。美国等英美法系国家认为由人拍摄的连续画面不可能不受到个性的影响，并认为其有许多创造性的因素，如对摄像机、介质和镜头的选择，以及对拍摄区域、时机的选择。德国等大陆法系国家则依照创作程度将摄制产生的连续影像区分为“电影作品”和“活动图像”，前者受著作权保护，后者受邻接权保护，保护期较短。我国《著作权法》在这方面与大陆法系国家的立法相近，将摄制产生的连续影像区别为影视作品和“录像”，后者被定义为“电影作品和以类似摄制电影的方法创作的作品以外的任何有伴音或无伴音的连续相关形象、图像”。换言之，影视作品和录像在我国属于非此即彼的关系，摄制而成但独创程度不足，不属于影视作品的连续相关的形象、图像属于录像。由此可见，我国《著作权法》中电影作品和以类似摄制电影的方法创作的作品的独创程度高于英美法系国家的电影作品和以类似摄制电影的方法创作的作品。

电影作品和以类似摄制电影的方法创作的作品除了要满足作品的构成要件以外，还需要符合“摄制在一定的介质上”及“运动的画面”两个条件。“摄制在一定的介质上”，是指将连续的影像固定在物质载体上。因此，现场直播形成的连续影像，因为其事先并未固定在相应的物质载体上，在直播的时候不属于电影作品和以类似摄制电影的方法创作的作品，在我国只能通过广播组织权对相关利益予以保护。电影作品和以类似摄制电影的方法创作的作品由前后相关的一系列画面构成，在通过机器设备进行播放时，能够给观众以画面中的人或事物在运动的感觉，这就是我们所说的“运动的画面”。幻灯片虽然也能被连续播放，而且前后两张之间也有一定的关联性，但在放映时无法给人以运动的感觉，仍然不属于电影作品和以类似摄制电影的方法创作的作品。

电影作品和以类似摄制电影的方法创作的作品，从传统意义上讲包括电影、电视连续剧、纪录片，而如今具有独创性的延时摄影、小视频也应当包括在内。

（二）周星星的延时摄影是否属于以类似摄制电影的方法创作的作品？

《著作权法》（2010 修正）[①] 第三条规定："本法所称的作品，包括以下列形式创作的文学、艺术和自然科学、社会科学、工程技术等作品：（一）文字作品；（二）口述作品；（三）音乐、戏剧、曲艺、舞蹈、杂技艺术作品；（四）美术、建筑作品；（五）摄影作品；（六）电影作品和以类似摄制电影的方法创作的作品；（七）工程设计图、产品设计图、地图、示意图等图形作品和模型作品；（八）计算机软件；（九）法律、行政法规规定的其他作品。"

根据《著作权法实施条例》，电影作品和以类似摄制电影的方法创作的作品，是指摄制在一定介质上，由一系列有伴音或者无伴音的画面组成，并且借助适当装置放映或者以其他方式传播的作品。延时摄影是一种将时间压缩的拍摄技术，其拍摄的是一组照片或视频，后期通过照片串联或是视频抽帧，把几分钟、几小时甚至是几天、几年的过程压缩在一个较短的时间内，以视频的方式播放，延时摄影这种具有非常强的时间压缩能力的拍摄方法，通过特定的拍摄、另类的表现手法，为作品赋予新的活力，因此延时摄影在素材选取、主题内容的表达上符合独创性的要求，就属于受著作权法保护的作品。延时摄影通常应用在拍摄城市风光、自然风景、天文现象、城市生活、建筑制造、生物演变等题材上，大到斗转星移、日落月升，小到一年四季变化、一朵花的绽放。周星星历时三年拍摄 5000 余张图片，并利用照片素材通过电脑软件按照固定的帧率制作成视频，赋予静止的照片以动态，形成具有美感的连续画面，在素材选取、主题内容的表达上具有独创性，符合电影作品和以类似摄制电影的方法创作的作品的属于人类的智力成果、能够被他

---

① 《著作权法》（2020 修正）第三条已修改为："本法所称的作品，是指文学、艺术和科学领域内具有独创性并能以一定形式表现的智力成果，包括：（一）文字作品；（二）口述作品；（三）音乐、戏剧、曲艺、舞蹈、杂技艺术作品；（四）美术、建筑作品；（五）摄影作品；（六）视听作品；（七）工程设计图、产品设计图、地图、示意图等图形作品和模型作品；（八）计算机软件；（九）符合作品特征的其他智力成果。"

人客观感知的外在表达、独创性、摄制在一定的介质上及运动的画面五个构成要件的要求，属于“以类似摄制电影的方法创作的作品”。

知识拓展

通过上文，我们了解到具有独创性的延时摄影属于类电作品，并受著作权法的保护。那么如果有人侵犯以摄影作品制作的类电作品的权利，著作权人能否主张其侵犯了自己摄影作品的著作权？转载类电作品的链接、为了说明某一问题引用类电作品及截图是否构成侵权？接下来让我们仔细分析。

（一）具有独创性的延时摄影及截图是否属于摄影作品？

根据《著作权法实施条例》的定义，摄影作品，是指借助器械在感光材料或者其他介质上记录客观物体形象的艺术作品。照片成为摄影作品仍然要符合独创性的要求。首先，不同的拍摄者在对同一景物或人物进行拍摄时，可以对拍摄角度、距离、光线和明暗等拍摄因素进行富有个性的选择，使得照片影像具有独特的效果。其次，摄影师还可以运用自己的判断力，敏感和准确地捕捉到稍纵即逝的场景，使照片影像体现“瞬间的艺术”。再次，摄影师还可以对拍摄的场景或人物进行独创性的安排。最后，对拍摄出的照片，摄影师有时还要使用各种软件、硬件工具进行一系列后期处理，以使其产生特殊的影像效果。

将具有独创性的摄影作品作为素材，并利用照片素材通过电脑软件按照固定的帧率制作成视频，赋予静止的照片以动态，形成具有美感的连续画面的延时摄影，这与摄影作品的定义并不相符，延时摄影从呈现效果看已脱离图片素材作为摄影作品的属性，故延时摄影不属于摄影作品。

延时摄影视频截图不等同于作为视频素材的摄影作品，摄影作品是指借助器械在感光材料或者其他介质上记录客观物体形象的艺术作品，而延时摄影截图是对延时摄影视频本身某一画面的截取展现，而非凭借器械记录客观物体形象，因此不属于摄影作品。

（二）合理使用中的个人使用与适当引用

《著作权法》第二十四条第一款第一项规定“为个人学习、研究或者欣赏，使用他人已经发表的作品”。这种合理使用的情形仅限于纯粹为个人目的而进行的使用，如学者或学生下载一部作品用于学习。如果使用具有直接商业动机，或者将复制件向公众发散，则不能构成合理使用，如将电影下载到云盘中并公开售卖，这明显是出于商业目的的使用。同样，不要认为“为个人学习、研究或者欣赏”而进行的复制，不考虑来源、复制的方式和数量，都能构成合理使用。

《著作权法》第二十四条第一款第二项规定“为介绍、评论某一作品或者说明某一问题，在作品中适当引用他人已经发表的作品”。这种合理使用是为创作作品，特别是创作评论文章或学术著作所必需的，因为在对他人的作品进行评论或论证观点、说明问题时，经常需要对他人作品中的具体表述加以引用。“为介绍、评论某一作品”和“说明某一问题”是并列的关系，前者指对作品的引用与该作品直接相关，这是对作品本身的介绍和评论，后者则指对作品的引用与该作品并不直接关联，这是用作品说明其他问题。“适当引用”意味着应当在自己的创作过程中引用合理长度的作品片段，而不允许完全或主要以他人作品代替自己的创作。因此，将他人作品中的内容加以拼接的行为并不是创作中的适当引用。“引用”的目的应当限于“介绍、评论和说明”，而不是单纯地向读者展现被引用作品的本身。

普法提示

数字技术这把“双刃剑”一方面使得类电作品的制作与传播更为便捷，另一方面也使类电作品更容易被复制，保护类电作品的措施更容易被破解，类电作品的著作权更容易受到侵犯。随着技术的发展，延时摄影、小视频等新的形式兴起，越来越多的人通过制作延时摄影、小视频去记录生活、消遣娱乐、宣传商品，在这一过程中，一不小心就可能被他人侵权或者侵犯他人的著作权。

（一）提升版权意识

对大众而言，提到著作权想必是陌生的。著作权制度诞生于西方，我国引入至今也不过短短30多年的时间，版权意识还尚未根植于大众心中。人民在享受精神食粮的同时往往忽略了背后付出智力劳动的创造者。版权意识的薄弱导致大家对盗版行为习以为常，甚至主动进行盗版行为，似乎信息资源理应免费获取。大众的消费水平和理念并没有跟上影视行业的发展，不难发现当下热播的影视剧或电影的售价并不低廉，这让原本觉得“知识无价”的消费者不会购买正版影视作品。

因此，应当通过宣传、组织学习等方式培养消费者“知识付费”的意识，形成“知识付费”的习惯。

（二）确认版权声明

制作、转载视频时一定要注意版权声明。我国《著作权法》规定，除法律有明确规定的可以不经著作权人许可、不向其支付报酬的情形外，如《著作权法》第二十四条第一款第一项规定的“为个人学习、研究或者欣赏，使用他人已经发表的作品”等情形，使用他人作品必须经过著作权人的许可。目前我国《著作权法》使用的是明示许可制，也就是作者明确表示可以随意使用才能使用，没有版权声明或者版权声明佚失，都不代表默许公众使用。无论是视频本身，还是视频素材，都应当注意是否有明示许可，在没有明示许可的时候一定要获得作者授权后再使用。

（三）切记莫贪便宜，谨防侵权之路

近两年来，我们可以发现朋友圈中出现了大量售卖影视资源的行为，行为人往往出售当下热门的境外影视资源链接，利用信息差和时间差向买家出售整部影视资源。侵权人往往组成团体而非单一个体，资源收集、链接制作和在社交媒体发布都各有分工，可见利用自媒体进行侵权已经初步形成一条产业链。不少打工族为了赚一些“外快”，纷纷通过购买一定的资源库或

者“做下线”推销的方式在微信朋友圈、贴吧、微博出售各种资源。殊不知，这种行为已经构成了直接侵权，需要承担相应的法律责任，因此，莫要出售各种影视资源。

（四）要加强证据意识

技术再发达，网络侵权也无法彻底消除，一旦踏上诉讼道路，有利证据的举出便至关重要。诉讼参与人如何通过合法、有效的手段，收集利于己方或者可以被法官采纳的证据，将关系到判决结果。

在技术性、专业性极强的计算机网络世界里，被侵害的权利人无疑是取证的弱势群体，但同时也是最清楚案件事实，最知道证据的情况及线索的人。当发现作品被侵权时，著作权人应当及时作出反应，收集相关证据，有备无患。网络服务提供者有向权利人提供相关信息的义务，所以权利人可以直接从网络服务提供者手中得到相关材料。在网络著作权侵权纠纷中，对于权利人来讲最重要的证据无疑是侵权方网页上的内容，所以对证据及时进行公证保全和时间戳认证既能保证证据的及时收集，保证其真实性、合法性和完整性，还能使所取得的证据具有预决的证明力。只有保存好了证据，才能顺利进行维权。

案例四

微信表情是否具有独创性？

——解析著作权法中独创性标准的具体适用

柴榕翔[①]

案情回顾

（一）斗图吗？我“表情包”贼溜

文字是表达的基本单位，文字组成词语、词语组成句子，句子组成段落，进而表达思想。文字运用的方式恰当与否，会直接导致沟通的成功与否，我们可以得知文字在生活中非常重要。但是，现在人们聊天时会有一种现象，就是斗图。斗图也就是我们俗称的“‘表情包’PK”，“表情包”的多少往往也是能否称为“聊天大王”的象征。收集的“表情包”多，用得传神，在聊天中往往能收获奇效。例如，使用传统的问候语“你好”“在吗”的时候，往往感觉语言有一丝干涩，这就需要“表情包”作为聊天的润滑剂或是破冰先锋。一个、的表情，瞬间拉近了感情交流的距离，一句“好久不见”表达出了老友长时间没有聊天的“陌生”与“尴尬”，但是随之配上一个，却冲淡了旧思，认真中带上了一丝小俏皮，“稳中带皮，皮中带稳”，让老友在字里行间的叙旧交流中仿佛面对面坐在一起，感情得到了重温与升华。“表情包”的熟练使用，也渐渐成为交流聊天的必备技巧。

2019年微信数据报告出炉，使用率最高的前五名表情是、、、、。大家看看你最爱用的表情是不是这些呢？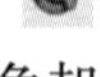作为微信中使用率最高的表情，一只手捂着脸，脸上留下两行泪水，嘴角却带着微笑。这个表情中蕴藏着太多深意，大家看啊！笑中带泪、哭中带乐、非乐非哭又似乐似哭、

---

① 北京互联网法院综合审判一庭法官助理。

哭笑不得中一只手捂在自己的脸上，表示自己要默默地承受这一切。大家发现了吧，以上的意思全部通过一个“表情包”的表达实现了。大家使用此“表情包”已经习以为常，但是有没有思考过，这个“表情包”为何有如此大的魅力，能够在不同语境下表达出多重的意思？

（二）“表情包”涉诉，司法触网保护

“表情包”作为社交中必不可少的聊天要素，而且通过微信十分容易获得，自然受到多方觊觎。

在北京互联网法院受理的一起案件当中，原告腾讯公司起诉被告吹牛公司称：2016 年 8 月 29 日，腾讯公司创作完成“微信表情系列 1.0”，其中包括涉案六款微信表情美术作品，涉嫌侵权的六款微信表情包括：（奸笑）、（嘿哈）、（机智）、（捂脸）、（耶）、（皱眉），都是大家经常在聊天中用到的。“微信”这款应用软件想必不用多说，已经成为生活“必需品”。腾讯公司发现，被告吹牛公司开发运营了一款“吹牛”应用软件，并在软件的官方网站及多家手机应用市场提供下载、安装服务。“吹牛”应用软件中使用了和上述六款微信表情完全相同的聊天表情。被告吹牛公司的行为侵犯了原告腾讯公司对于微信表情享有的信息网络传播权，所以请求法院判令吹牛公司赔偿经济损失与合理开支共计 50 万元。

被告吹牛公司开发运营的应用软件“吹牛”，主要的运用场景是社交聊天和购买游戏装备，功能中包含社交属性。众所周知，没有“表情包”的聊天软件是没有“灵魂”的，吹牛公司在软件中提供“表情包”的使用也是情理之中，却没有考虑到知识产权方面的法律风险。吹牛公司应诉后，不同意原告的诉讼请求，提出以下几点理由：认可涉案微信表情具有独创性，构成美术作品；认可自己未经原告腾讯公司的许可，在其经营的“吹牛”应用软件中使用了与微信表情相同的被控侵权表情，但是其已经停止了使用行为，结合考虑这些因素，原告主张的经济损失和合理开支过高，缺乏法律依据。

最终，法院经审理认为，第一，微信表情具有独创性，构成美术作品；腾讯公司是涉案六款微信表情的作者，对其依法享有著作权，受著作权法

保护。第二，吹牛公司未经许可在其经营的“吹牛”应用软件中使用了与微信表情完全相同的聊天表情，其行为使该软件用户可以在其个人选定的时间和地点获得涉案微信表情，侵犯了腾讯公司对作品依法享有的信息网络传播权，应当承担相应的民事责任。据此，法院判决吹牛公司构成侵害信息网络传播权，赔偿腾讯公司经济损失 30 万元及合理开支 1 万余元。

“表情包”不是凭空出现的，而是其作者背后默默付出了自己的时间、财力、精力等，经过精细化的思考、独特的设计并通过时间的考验，最终在市场中脱颖而出的。涉案的这几款“表情包”作为一个个美术作品，跃然纸上，在大家社交聊天的过程中，发挥着举足轻重的作用，拉近了大家的距离。如此独特的事物，法律自然予以评价与保护。

这时有人会问“不就是‘表情包’吗？我也会画画，画一个小黄脸，在网上一发，这简单！”然而，这在法律上也要具体区分，是不是受法律保护的作品需要严格认定，并不是所有的创作都是作品，下面就为大家详细讲解作品的认定。

法理分析

在该案例中，最为重要的一点就是判断“表情包”的法律属性，到底是不是属于著作权法意义上受到保护的作品。虽然被告吹牛公司在答辩中认可涉案微信表情构成美术作品，但是不能仅凭当事人互相承认就可以，法院认为仍然有必要对涉案微信表情的法律属性进行精准、细致的评价。

《著作权法实施条例》对作品有明确的规定：“著作权法所称作品，是指文学、艺术和科学领域内具有独创性并能以某种有形形式复制的智力成果。”可以看出，法律意义上的作品有两个至关重要的元素：一个是独创性、一个是可复制性。

相信大家已经知道，创作的作品具有独创性和可复制性，同时不违反其他相关法律法规，即属于著作权法的保护范围。

那么作品的独创性和可复制性具体指的是什么呢？

独创性，简而言之分为“独”和“创”，“创”代表着作品是智力劳动的产物，“独”代表着作品是作者自己的智力劳动的产物，不是抄袭他人的。独创性说起来简单，是作者自己创作的就可以了，但也并不是任何东西只要一经创作出来就一定具有独创性，这里存在一个界限与尺度。这个标准在世界各国均不相同，英美法系国家对于“独创性”的标准是“具备少量的创造性”，并不是创作中简单的“身体发热流汗”就可以获得独创性，换言之就是说付出了单纯的体力劳动不一定能够获得著作权，在创作的作品中的投入必须具备创造性！大陆法系国家对于独创性有着更高的要求，作品必须有作者投入智力思想情感内容的表达、体现作者的个性、具备一定的创作高度，作品的认定标准较为严格。在我国法律规定中，同样需要考虑创作过程中作者的创作性付出，独创性的体现，就是让人们从内心清晰地确认，一个作品之所以成为作品，关键在于能够体现出作者的选择、判断、取舍以及个性化表达，也可以说是作品中体现出与众不同的地方。

对于作品的可复制性而言，“Ctrl+C”想必大家都懂，法律要求作品必须能够以有形形式复制，复制包括印刷、复印、拓印、录音、录像、翻录和翻拍等多种形式，以及在互联网中，依托电子数据存储的复制行为。进一步解读就是“能够被客观感知的外在表达”，作品是沟通作者内心世界与客观外部世界的桥梁，思想情感或“腹稿”如果没有借助语言、艺术或科学符号等表达出来，就无法使社会大众阅读、欣赏或感知，无法被复制或传播就谈不上具有社会价值。因此只有具备外在表达存在的前提，才能实现有形复制。

综上所述，作品在本质上是思想的表达，是创作活动的产物，而创作是作者将内在的思想表达出来的过程，但凡没有以某种客观形式表现出作者的内心想法、设计、观念等，无法被他人有效感知存在，就不能称为作品。

那么，我国《著作权法》将作品分为数类，包括：（一）文字作品；（二）口述作品；（三）音乐、戏剧、曲艺、舞蹈、杂技艺术作品；（四）美术、建筑作品；（五）摄影作品；（六）视听作品；（七）工程设计图、产品设计图、地图、示意图等图形作品和模型作品；（八）计算机软件；（九）符合作品特征的其他智力成果。大家觉得涉案微信表情具体属于哪一类作品呢？对，涉案微信表情属于美术作品。具体到美术作品的构成要件，除了作品的普适性特点之外，还具有独特之处。法律明确规定，美术作品是指绘画、书法、雕塑等以线条、色彩或者其他方式构成的有审美意义的平面或者立体的造型艺术作品。随着科技的进步，现在的绘画不仅局限于传统的纸和笔了，我们可以看出，从作品到进一步细化为美术作品，法律对于创作的手段和条件有了具体的限制。

涉案的六款微信表情，均采用“小黄脸表情”设计理念进而形成了丰富的卡通形象，也就是用黄色圆形表示面部，在这个基本造型的前提下，通过丰富眼部、嘴部、手势等神态的变化来反映人物的不同情绪，用于人们日常聊天生活的需要，不仅生动、形象、富有趣味，更重要的是贴近生活。涉案微信表情在线条、色彩、构图、运用等方面体现出作者一定的个性化选择和独创性表达，并且在互联网上广泛传播，具有普遍的审美意义，也就符合我国《著作权法》的规定，构成美术作品，理应受到法律的保护。

知识拓展

需要注意的是，被告仅使用了原告的六款微信表情，为什么法院最后会判赔偿 30 万元呢？人们会问，“表情包”的商业价值有那么大吗？下面就来仔细分析一下，在互联网时代，著作权侵权的成本有多高。

在构成侵权的前提下，需要考虑多种因素，才能最终判断赔偿的数额。首先，要考虑作品的类型、知名度和作品的独创性程度；其次，要考虑被告在侵权过程中的主观过错、侵权的方式、持续的时间及范围、造成的后果等因素。

在微信表情这个案例中，法院具体分析了以下几个方面，将其作为侵权赔偿的考量因素。

首先从作品本身的角度出发。第一，聊天表情是在网络环境下，对于人类日常表情、情感的艺术化表达形式，一个富有创意的聊天表情不仅可以增加网络用户的聊天乐趣，还可以对聊天效果产生举足轻重的影响，极大地提升用户体验。第二，微信应用软件作为即时通信软件，已经触及人们生活的方方面面，可以满足人们的社交需求和部分工作需求，用户量庞大，以亿次计算，且涉案微信表情生动、形象、有趣，作为微信使用中的必要元素，具有较高使用量和知名度，经广泛使用和传播，受到广大用户的普遍认可和喜爱。第三，微信表情因被广泛使用和传播而增值，并不能仅从微信免费使用的角度进行考虑，微信的用户都是免费注册和使用的，为什么免费的微信表情却具有一定的增值及较大的商业价值呢？这需要换位思考，也就是说必须从商业运营角度进行考量，微信表情促进用户体验，增加用户黏性，用户的增多带来了更多的流量效应，而流量具有经济价值，可以转化为一定的商业属性。如果他人想要获得对微信表情的商业使用权，一定需要支付更高的对价，得到合法的授权。

接下来再从被告吹牛公司的角度分析。首先，吹牛公司运营的“吹牛”应用软件也是即时通信工具，主要开发的目的是用于商业用途，也就是说，吹牛公司在明知微信表情是微信开发团队在先使用而且具有较高知名度的情况下，却使用与之完全相同的聊天表情，在这个侵权案件中主观过错非常明显，是“明知山有虎，偏向虎山行”。其次，“吹牛”应用软件本身的下载量和侵权扩散的范围也比较大。最后，还需要考虑一点，虽然微信表情富有一定创意，但创作投入和创作难度不大，而且“吹牛”应用软件在庭审时已经停止使用涉案微信表情，这也是法院需要考量的一部分要素。综合以上所有条件，法院确定了30万元的赔偿金额，平均下来单个表情的赔额就达到了5万元，可见在互联网时代下侵权成本的高昂。这也警醒人们，自己的行为一定不得超出法律约束的范围。

我们可以想象一下，如果吹牛公司事先和微信团队取得联系，沟通有关“表情包”的合作适宜，推出“微信同款表情包”。这样一来，微信团队可以通过自己的智力成果收获经济效益，“吹牛”应用软件中也能配备使用诙谐幽默的“表情包”，吹牛公司未必不能在即时聊天领域闯出自己的一番天地。

普法提示

互联网时代，获取信息以及其他资源的成本太低了，资源的丰富就会导致选择上的随意，进而衍生心理上的不重视。在我们的娱乐阈值日益增长的时代里，必须保持我们对待知识与创作“敬畏”的底色！日常生活中我们习以为常的事物，其实背后蕴藏着无数人付出的智慧与汗水，我们理所应当地使用，却忘了“吃水不忘挖井人”。

在该案例中，吹牛公司极力主张抗辩的理由之一是：腾讯公司没有因自己使用涉案微信表情遭受经济损失，吹牛公司亦未因此而获利。微信表情在微信中可以免费使用，吹牛公司自己开发的“吹牛”应用软件也没有以此向公众收取费用，相关公众也不会因为涉案微信表情就特意选择下载“吹牛”应用软件，进而给吹牛公司带来相关收入。

这也体现了现在互联网中存在的“免费共享”现象，“你都是免费给大家提供的，凭什么我不可以免费拿过来使用？”权利人仿佛成了过错方，好像不免费提供作品反而成了罪过。使用他人不辞辛苦、努力付出之后创作出来的作品，不仅没有心怀感激，支付相应的对价，反而说“你还做得不够好！”这种现象不仅反映出侵权主体法律意识的淡薄，更反映出其道德的缺失。

本案的判决也是对该类现象进行的一个回应。经济因素是考虑的一方面，但并不是全部。开放、共享是互联网的基础色彩，也为技术交流提供了巨大便利。但是，开放、共享也是有限度的，不意味着可以随便适用“拿来主义”，更不能挪为商用，借鸡生蛋。

一个小小的“表情包”，只要符合相应的条件，就可能具有独创性，甚至作为美术作品受到著作权法的保护。其他互联网企业必须了解并懂得征得许可并支付报酬是使用他人作品的基本前提，不能以“免费共享”为借口侵害他人的合法权益。

互联网企业想要推出从0到1完全独创的产品和服务，走出属于自己的道路，难度很大，不亚于开天辟地。而互联网上从1到1的复制传播成本却小得可怜，几乎可以忽略不计。本案判决对此予以发声，并传递出一个观点：

站在前人的肩膀上，绝不意味着可以照搬照抄、恶意模仿，绝不能以学习、借鉴之名行侵权之实。

所以加大知识产权的保护势在必行，应当通过法律来规制约束随意侵犯他人合法权益的行为，保护原创作者的创作积极性和热情，使作者感受到法律对于创作作品的尊重，而不是让侵权者肆无忌惮，随意予取予求。

本案是全国首例涉及"表情包"的案件。互联网就像一片大海，一次"窃取免费产品的行为"，可能相比于以兆为计算量吞吐的互联网行为，只是九牛一毛，但是这一次的行为确是"不为善，众美皆亡"，我们在互联网上的日常行为仍需防微杜渐，尊重知识创作，这需要创作方和使用方都增强法律意识，从源头和下游全线防护。

就创作方来说，每个人都是创作家，偶尔灵感迸发、妙手偶得的成果，抑或是孜孜不倦、潜心钻研的作品，都应当及时记录下来，做自己生活的见证者。在创作的过程中，要记得署名，表明作者身份，留存创作的美好瞬间。人生三不朽，立德立功立言，创作的过程属于"立言"，也就是实现人生价值的时刻。发现自己作品的合法权益被侵害了，就要及时拿起法律的武器保护自己的合法权益。

作为使用方，需要意识到天下没有免费的午餐，牢固树立尊重知识产权的思维底线，不是所有的作品都是免费的，只是在日常生活中我们习惯了"拿来"而已。现在是一个知识付费的年代，创新的成果需要一定的对价来彰显其存在的价值，这也是知识产权保护的目的，意在促进知识的传播与发展。倘若知识全部都是免费的，创作者也就没有了创新的动力，社会自然也就没有了进步的空间。

创新是生命的活力。每日都是崭新的，这也是社会进步之根基。问渠那得清如许，为有源头活水来。只有在源头上做好保障，才能为知识创新提供稳步发展的空间。

案例五

百科词条是否属于作品？

——解析《著作权法实施条例》第二条作品之构成

赵琪[①]

案情回顾

（一）爱好使然，大学生入门编辑词条

百科词条已经成为生活中帮助我们答疑解惑的重要工具，一个内容详尽、准确的词条可能会耗费编辑者大量的时间和心血。在校大学生刘博学就是一个百科词条的编辑者，因为对动植物感兴趣，学习之余，他加入了百度公司旗下网络平台“百度百科”中的“百科诗文社”（The Poetic Prose Order of Baidu Baike）动植物组，以预备社员的身份参与生物类特色词条的编写整理活动。

2018年5月4日，刘博学在团队导师的带领下开始对生物分类学词条“仓鼠亚科”进行编辑整理，经过一个周末的努力，刘博学完成了从名片（概述），形态特征，栖息环境，生活习性，分布范围（世界、中国），繁殖方式，下属物种，种群现状，保护级别，人工饲养（条件、禁忌）等方面对仓鼠的描述，并配上了一些形象生动的插图，文末注明参考资料为9篇外文文献。刘博学于2018年5月6日截稿并使用账号“ABC刘博学”发布，在2018年5月9日进行了该月的最后一次修正。在刘博学编辑的词条版本发表之前，有其他网友发表了5个历史版本。刘博学认为和前5个历史版本相比，自己编辑的版本在体系编排上进行了更丰富、细致的分类，在内容上进行了更加翔实、具体的描述。

---

① 北京互联网法院综合审判二庭法官助理。

（二）偶然搜索，搜猫百科出现相同版本

2019年2月2日，刘博学在浏览网页时发现搜猫公司旗下产品“搜猫百科”中，有一个2018年5月21日发布的“仓鼠”词条，在文字描述、版式编排、图片选用上与自己在百度词条中编辑的信息一模一样，但编辑者署名却不是自己，而是一个叫“藤枝”的搜猫用户。百思不得其解的刘博学访问了“藤枝”的个人主页，发现他的主页有这样的招募广告，“搜猫百科热词团招募中，详情请加QQ（233××××980）”，而且这个账户于2017年4月至6月期间多次在“搜猫百科热词团”词条中进行编辑，内容涉及团队人员编制、考核制度等。刘博学又在年轻人经常使用的“豆芽网”上进行了搜索，发现2017年2月27日，有同名用户在“豆芽网”发布题为《搜猫百科热词团队招募啦》的主题帖，其中提到“如果，你足够优秀，还有可能获得一次在互联网公司实习的机会”并留下了同样的QQ号码。

刘博学认为“藤枝”可能是搜猫公司的工作人员，而且他的行为侵犯了自己的署名权，于是刘博学于2019年2月2日通过搜猫百科的“反馈侵权信息”入口向搜猫百科的工作人员反映了这个问题，要求依照相关规范将词条贡献者署名改为自己的账户名，并附上了自己的身份证信息、原著词条以及侵权词条的链接。2019年2月3日，搜猫百科工作人员邮件回复刘博学，以“该词条为贡献者编辑，内容并无问题也有参考资料，不符合删除要求”为由不作处理。

投诉无果的刘博学以搜猫公司侵害了自己的署名权等权利为由将搜猫百科的运营公司搜猫公司诉至法院，要求搜猫公司更改词条署名为刘博学并负担取证、服务费等合理支出10元。搜猫公司在收到法院的诉讼材料后于2019年2月19日删除了该词条。

（三）用户编辑，搜猫百科否认侵权

搜猫公司认为自己并不存在侵权行为，理由是所有词条都是网友创建、编辑、修改、上传的，搜猫公司只对明显违反国家法律法规规定（如涉黄、

赌、毒，涉政等）的内容进行形式审查，没有办法对全网信息的真实性进行实质审查。涉案词条是对仓鼠进行的介绍，网友采用了符合规则的方式进行词条创建、编辑与修改，搜猫公司已经对内容进行了形式上的审查，尽到了自己的责任，没有侵犯刘博学权益的行为和主观意图。

另外，搜猫公司认为搜猫百科提供的是信息存储空间服务，应当适用“避风港原则”。搜猫百科《用户协议》第五条第一款规定，“认为百科中的其他用户或者第三方的内容涉嫌侵犯知识产权，可以向搜猫提出书面权利通知书，并提供相应证据，搜猫在收到证明文件后会进行审核，视情况进行处理。”刘博学虽然在起诉前曾向搜猫百科提供证据进行申诉，但是其提供的证据是由网名为“ABC 刘博学”的网友于 2018 年 5 月 9 日 13：14：22 编辑的“仓鼠亚科”的历史版本，搜猫百科认为无法依据该证据认定该词条的内容由“ABC 刘博学”首次创建、编辑，不能证明刘博学是该词条的著作权人，所以其申诉才未被通过。在接到起诉材料后，为了避免过错、尽到平台责任，搜猫公司已删除了“藤枝”用户编辑的词条，该涉案词条已不存在，因此，将贡献者署名修改为“ABC 刘博学”的诉讼请求已在事实上无法实现。

那么，刘博学是否有权要求搜猫公司将涉案词条的署名由“藤枝”改为“ABC 刘博学”呢？搜猫公司对刘博学是否构成侵权呢？这首先得从百科词条的性质说起。

法理分析

如果搜猫公司没有将涉案词条删除，刘博学有权要求搜猫公司将涉案词条的署名由“藤枝”改为“ABC 刘博学”，因为根据现有证据，刘博学所编辑的词条，符合《著作权法》第三条对作品的定义以及《著作权法实施条例》第二条规定的作品的特点，而且《著作权法》第十条第一款第二项规定了著作权人有在作品上署名的权利。这里，我们主要向大家介绍《著作权法》第三条及《著作权法实施条例》第二条。

（一）立法沿革

《著作权法》第三条对“作品”进行了定义，该部法律于1990年9月7日第七届全国人民代表大会常务委员会第十五次会议通过，根据2001年10月27日第九届全国人民代表大会常务委员会第二十四次会议《关于修改〈中华人民共和国著作权法〉的决定》进行了第一次修正，根据2010年2月26日第十一届全国人民代表大会常务委员会第十三次会议《关于修改〈中华人民共和国著作权法〉的决定》进行了第二次修正，根据2020年11月11日第十三届全国人民代表大会常务委员会第二十三次会议《关于修改〈中华人民共和国著作权法〉的决定》第三次修正。

三次修正均对《著作权法》第三条进行了修正，其中第一次修正丰富并重新整合了作品的形式，在第三项增加了“杂技艺术作品”，将第四项的“美术、摄影作品”修正为“美术、建筑作品”，将“摄影作品”单列为第五项，将第六项修正为“电影作品和以类似摄制电影的方法创作的作品”，将第七项修止为“工程设计图、产品设计图、地图、示意图等图形作品和模型作品”。第二次修正仅在法条形式上对该法第三条进行了修正，未进行实质性修正。第三次修正直接修改了《著作权法》第三条单一的“作品类型法定”模式，建立了“开放式”的作品分类模式，将作品定义为“文学、艺术和科学领域内具有独创性并能以一定形式表现的智力成果”。

《著作权法实施条例》第二条规定了作品的特点，即独创性、可复制、属智力成果。该条例是一部行政法规，由国家版权局1991年5月30日发布的《著作权法实施条例》发展而来，于2002年8月2日以中华人民共和国国务院令第359号公布，该条例共38条，自2002年9月15日起施行。该条例后经过两次修订，两次修订均不涉及第二条的内容。

（二）理论辨析

本案的特殊之处在于我们首先要判断百科词条的属性，百科词条是否属于作品呢？

经过对百科词条较为全面的了解，法官对百科词条的特征进行了简要概括。百科词条编写的原则是真实、可信、客观等。针对每一类词条的编写，百科平台均会给出一定的目录进行参考。词条的展现方式体现出一定的模板化。一个词条可能由文字、图片、视频组成。任何一个贡献者均可以在百科平台上自由地创建、更正、删除、完善词条，前提是均需要有可查证的来源，并经平台审核后发表。每个词条都会有完整的历史版本记录，包括贡献人、进行何种修改和修改时间。

百科词条相当于网络百科全书，由贡献者将包括但不限于个人学习、生活、工作等方面的知识、经验，通过百科平台进行创作并发布，分享给广大互联网用户。百科词条涉及的分类包括艺术、科学、自然、文化、地理、生活、社会、人物、经历、历史、体育等。

《著作权法实施条例》第二条规定："著作权法所称作品，是指文学、艺术和科学领域内具有独创性并能以某种有形形式复制的智力成果。"所以并不是所有的百科词条均是作品，不论是创造词条，还是修改词条，只有具有独创性的外在表达，才能称为作品。

由于百科词条具有其自身特点，词条的版本随时处于变化的过程中，后来的贡献者可以在前一版本的基础上进行编辑、修改、删除或者再创作，因此在判断某一词条作品的著作权归属时，应该充分考察该词条的历史版本，考量该词条中是否存在其他贡献者的创作成果，然后进行综合判断。

结合该案例来看，刘博学完成的"仓鼠亚科"词条包括文字、图片等元素，对于生物学领域的仓鼠进行了形态特征，栖息环境，生活习性，分布范围（世界、中国），繁殖方式，下属物种，种群现状，保护级别，人工饲养（条件、禁忌）等方面的描述。虽然在他发表涉案词条之前还存在 5 个贡献者的历史版本，但经过比对发现，刘博学的版本并非在上述 5 个历史版本的基础上进行的加工，而是刘博学在查阅了若干生物数据库和外国文献关于仓鼠的资料后，在自己理解的基础上进行的编写，如篇幅大幅度提升，在体系编排上进行了更丰富、细致的分类，在内容上进行了更翔实、具体的描述。词条文字部分的个性化表达传递了一定的思想和信息，能够体现刘博学一定的智力创造，具有一定的独创性，因此构成文字作品。

该词条标注的贡献者是“ABC 刘博学”，是刘博学使用的账号，因此，在搜猫公司没有相反证据提交的情况下，法院认定刘博学系该词条的作者，享有著作权。

《著作权法》第十条第一款第二项规定了作者对作品享有署名权，因此，如果搜猫公司没有对涉案词条作删除处理，则应当将涉案词条的署名更正为“ABC 刘博学”。

知识拓展

（一）并非所有百科词条都是作品

《著作权法实施条例》第二条规定，著作权法所称作品，是指文学、艺术和科学领域内具有独创性并能以某种有形形式复制的智力成果。因此，构成作品的最基本特征应当是具有独创性和可复制性。结合我们的日常观察和百科词条的编写规则，百科词条的编写在体例上往往呈现一定的模板化，如果贡献者仅对各种素材进行了搬运和罗列，未进行创作性活动，则该百科词条不具备独创性，不属于作品。所以并非所有的百科词条均是作品。不论是创造词条，还是修改词条，只有具有独创性的外在表达，才能被称为作品。结合本案来看，词条“仓鼠亚科”包括文字、图片等元素，根据刘博学的陈述和与该词条历史版本的对比，刘博学对词条的创作是在查阅了若干生物数据库和外国文献关于仓鼠的资料后，在自己理解的基础上进行的编写，该词条可体现出一定的独创性，属于作品的范畴。

（二）构成作品的百科词条著作权归属问题

《著作权法》第十一条第一款规定，著作权属于作者。第十二条第一款规定，在作品上署名的自然人、法人或者非法人组织为作者，且该作品上存在相应权利，但有相反证明的除外。

互联网信息总是瞬息万变，百科词条也不例外，词条版本受岁月更迭、事件发展等因素的影响，也随时处于变化的过程中，在判断某一词条作品的著作权归属时，应充分考虑该词条的历史版本以及其他贡献者的创作成果。如果一个词条版本的贡献者是在前一个历史版本的基础上创作形成了新的版本，则新的版本的贡献者只能对其新版本中具有独创性表达的内容享有著作权，而不能对新版本词条的全部内容享有著作权。结合本案来看，虽然在刘博学发表之前还存在 5 个贡献者的历史版本，但是刘博学编辑的词条是自己重新进行创作所形成的作品，与历史版本并无太大关系，而且该词条标注的贡献者是“ABC 刘博学”，是刘博学使用的账号，在搜猫公司没有相反证据提交的情况下，刘博学就是该词条的作者，享有对该词条内容的著作权。

（三）搜猫公司是否应当承担侵权责任?

《信息网络传播权保护条例》第十四条、第二十三条规定了提供信息存储空间服务的网络服务提供者有“通知—删除”义务。

《民法典》第一千一百九十五条规定了对未能及时履行“通知—删除”义务的网络服务提供者应当承担的法律责任。

2019 年 2 月 19 日，搜猫百科收到诉讼材料后随即删除了该词条，履行了上述法律规定的“通知—删除”义务，刘博学要求搜猫平台将贡献者名字由“藤枝”改为其本人，已经超出了条例所规定的“通知—删除”义务的范围。加之搜猫平台上的该词条已经被删除，刘博学的诉讼请求在客观上亦不能完成。如果涉及侵权，刘博学应向直接侵权人主张权利，而不是向搜猫公司主张权利。

本案中，搜猫百科《用户协议》第五条第一款规定，“认为百科中的其他用户或者第三方的内容涉嫌侵犯知识产权，可以向搜猫提出书面权利通知书，并提供相应证据，搜猫在收到证明文件后会进行审核，视情况进行处理”，搜猫公司作为提供信息存储空间的网络服务提供者，对于其用户发布百科词条的行为，没有主观过错，不构成侵权，不应承担侵权责任。

普法提示

百科词条是互联网发展的产物，伴随着5G技术等新兴技术的发展，会有更多新事物成为我们生活中不可缺少的帮手，也可能会因为权属纠纷等原因产生法律纠纷。该案例不仅帮助我们界定了判断百科词条及其他文字表达是否属于作品的标准，更会为日后判断新事物的法律性质提供借鉴意义。

（一）著作权人享有对作品的署名权

百科词条编辑、修改有自身的特点，而且很多词条的版本可能处于随时变化的状态，在判断某一词条作品的著作权归属时，我们应当充分考虑该词条的历史版本以及其他贡献者的创作成果。如果一个词条能够体现出一定的独创性、可复制性且属于智力成果，那么可以认定其为著作权法意义上的作品，其作者为著作权人，随意搬运别人编辑的百科词条且不为原作者署名也有可能构成侵权。

这个案件告诉我们，判断一件事物的法律性质，首先要从法律本身出发。《著作权法实施条例》第二条规定，著作权法所称作品，是指文学、艺术和科学领域内具有独创性并能以某种有形形式复制的智力成果。因此，作品应当具备独创性、可复制性、属于智力成果等特征，不论是判断百科词条还是其他文字表达，都应当具备以上特点才能被称为作品。如果是模板化的编写体例，贡献者仅对各种素材进行了搬运和罗列，未进行创作性活动，则该文字表达不具备独创性，不属于作品。

当一份文字表达具备作品特征后，如何确定其著作权归属，应当首先探究的是作品的作者是谁。《著作权法》第十二条第一款规定，在作品上署名的自然人、法人或者非法人组织为作者，且该作品上存在相应权利，但有相反证明的除外。这里的署名，并非必须是自己的真实姓名，著作权人有使用自己的本名、笔名、别名或假名的决定权，因此，网名也可以作为作品署名的一种方式。只要可以确认该网名属于本人，那么就可以根据该署名确定作品的著作权人。

《著作权法》对著作权人的权利进行了充分保障，其中第十条就规定了著作权包括署名权。也就是说，如果著作权人发现自己的作品未作署名或者署了他人之名，有权利要求将作品的署名修改为自己的本名或笔名等。

（二）信息存储空间提供者应当履行“通知—删除”义务

《信息网络传播权保护条例》规定了信息存储空间提供者的“通知—删除”义务，当著作权人发现自己的作品在信息存储空间传播侵犯了自己的著作权时，可以向该信息存储空间提供者提交书面通知，要求其删除该作品、表演、录音录像制品，或者断开与该作品、表演、录音录像制品的链接。此时，信息存储空间提供者在接到权利人的通知书后，如果及时断开与侵权的作品、表演、录音录像制品的链接，则无须承担赔偿责任；但是，信息存储空间提供者明知或者应知所链接的作品、表演、录音录像制品侵权的，应当承担共同侵权责任。

案例六

翻拍已有作品的照片构成摄影作品吗?

张倩[①]

案情回顾

本案原告阿特公司的主要经营业务是举办艺术展览，国内多个知名画家、雕塑家的个人艺术展都由阿特公司操刀主办，均获得了不错的反响。本案被告 CS 公司是一家注册于北京的公司，主营业务是汽车销售。按说八竿子打不着的两公司，却在一起侵害摄影作品信息网络传播权案件中相遇了。

故事还得从案发前一年年底说起。张某能是一位摄影爱好者，在摄影圈小有名气的他，工作之余经常会接到一些拍摄邀约，聘请他对某些特定的人和事物进行拍摄。案发前一年 12 月，近几年名噪一时的大画家胡某千举办首场个人绘画作品展，展览主办方阿特公司邀请张某能为这些绘画作品拍摄宣传照片。当时双方约定，张某能对拍摄所得照片享有署名权，其余著作权归阿特公司享有。展览开始前，阿特公司就利用公司运营的微信公众号、微博账号等平台对展览进行宣传，图文结合、声情并茂，赢得了不小的关注度，展览自然获得了成功。CS 公司的员工也看到了这些宣传文案，觉得文章的配图很是精美，就挑了两幅用在了公司的微博账号上，为一款即将上市的新车进行宣传，并配文“实用与艺术的完美结合，全新一代‘飞跃’震撼上市，敬请期待”。阿特公司得知后，将 CS 公司告上了法庭。

两幅照片都是对画家胡某千画作的翻拍，照片以中央正面视角拍摄，照片画面内除画作本身外没有其余元素，光线、色调等效果也与原画作基本一致。阿特公司诉称，阿特公司委托摄影师张某能创作了涉案两幅摄影作品，并约定对该两幅摄影作品享有著作权。CS 公司未经许可，在其公司微博账

① 北京互联网法院立案庭法官。

号使用了两幅涉案作品，侵害了阿特公司的信息网络传播权，应当立即停止侵权并赔偿阿特公司经济损失 1 万元。CS 公司则辩称，阿特公司没有注明不允许转载，且 CS 公司的使用行为并未给阿特公司带来任何损失，故不认可阿特公司的诉讼主张。

法院在听取了双方的诉辩主张和陈述意见之后，总结出的争议焦点出乎双方当事人的预料。法院认为，本案的争议焦点在于：1. 涉案照片是否构成著作权法意义上的摄影作品；2. 原告阿特公司是否享有涉案图片的信息网络传播权；3. 被告 CS 公司是否实施了侵害原告阿特公司信息网络传播权的行为以及其应当承担的民事责任。法院进一步指出，原告阿特公司主张的照片是否构成著作权法意义上的摄影作品，是本案首先需要明确的问题。若构成摄影作品，才有进一步审查原告的权属及被告的侵权行为之必要。

对于这一问题，原告阿特公司坚持认为照片构成著作权法意义上的摄影作品，因为其完全符合我国《著作权法实施条例》第四条第十项关于摄影作品的定义。法院则认为，涉案两幅照片是对已有绘画作品的复制翻拍，拍摄的出发点和最终呈现都是高度再现原画作，并没有增添拍摄者的独创性表达，因而不具有独创性，不属于著作权法意义上的摄影作品，最终判决驳回了原告阿特公司的诉讼请求。

法理分析

本案涉及的一个核心问题就是，翻拍已有作品的照片是否构成摄影作品。

《著作权法实施条例》第二条规定，著作权法所称作品，是指文学、艺术和科学领域内具有独创性并能以某种有形形式复制的智力成果。第四条第十项规定，摄影作品，是指借助器械在感光材料或者其他介质上记录客观物体形象的艺术作品。因此拍摄所得照片虽然从形式上看符合摄影作品的定义，但它仍需要具备一项实质性要件才能获得著作权保护，这一要件即独创性。只有具备独创性的人类智力成果才能被称为作品，才能受到著作权保护。因此，法院在审理侵害摄影作品著作权案件时，也应当首先对原告主张权利的照片是否具有独创性、是否构成著作权法意义上的摄影作品进行判断，这是确定原告对该照片是否享有著作权以及被告是否侵害原告著作权的前提。

独创性是指作品的表达系独立完成并且有创作性。它包含两个方面的含义，“独立完成”及有“创作性”。独立完成，强调作品的表达应来源于作者，而不是对其他作品的抄袭或模仿。创作性则要求作品的表达应能体现作者的选择、判断和取舍。具体到摄影作品独创性的认定，则应当看照片画面的构图、光线、影调等造型效果是否体现了拍摄者个性化的选择，而与拍摄对象本身的表达是否具有独创性无关。本案中，涉案照片系以绘画作品为对象拍摄而成，拍摄对象位于画面的中间位置，照片画面中除拍摄对象外并无其他元素。虽然涉案照片的拍摄过程包含拍摄者对拍摄角度、光线的选择和拍摄技巧的投入，但从拍摄者的主观目的和客观拍摄效果看，这些选择和投入都是为了精确再现被拍摄对象的原貌，并没有改变拍摄对象的基本表达，除作为拍摄对象本身的实际样貌外，画面中没有增添其他的独创性表达，因而没有形成与已有拍摄对象不同的新作品。综上，法院认定涉案两幅照片不构成著作权法意义上的摄影作品，因此原告阿特公司无权据此主张 CS 公司侵害了其著作权，其相关的诉讼主张不能成立。

知识拓展

（一）独创性的含义及认定角度

这一案件为我们引出了一个经典的著作权法关键词——独创性。对于没有专门学习过著作权法的一般公众来说，独创性恐怕不是一个很好理解的概念。甚至对于知识产权法专业出身的从业人员，独创性也是著作权法中最基础、最核心也是最抽象、最有争议、最难理解的概念之一。

独创性是作品受著作权法保护的实质要件，是作品区别于其他人类劳动成果的本质特征。只有具备独创性的作品才能受到法律保护是为世界各国普遍接受的一个基本原则。然而，对于什么是独创性、独创性的内涵及判定标准是什么，至今都是颇有争议的问题，分歧仍然广泛存在。下面，我们就来简单了解一下什么是作品的独创性。

我国相关法律规定中并没有对独创性的专门定义。《最高人民法院关于审理著作权民事纠纷案件适用法律若干问题的解释》第十五条规定的“作品的表达系独立完成并且有创作性”应当算作司法实践对于独创性内涵的总结。根据这一规定，独创性应当包含两个方面的含义：“独立完成”及有“创作性”。独立完成，强调作品的表达应来源于作者，而不是对其他作品的抄袭或模仿。关于创作性究竟为何众说纷纭，莫衷一是。有学者将其归纳为“作者的选择、判断和个性”，有学者则表述为“最低限度的创造性”等。独创性从本质上来说，是作者在作品产生的过程中投入的智力劳动的反映。

也就是说，只是表面上符合作品的形式可未必就是作品。比如，一个3岁小孩在键盘上无意识随机敲击获得的一段文字，虽然也表现为文字形式，但由于无法表达出任何思想内容，所以不能称为文字作品。再比如，一个人花费了大量时间重新抄写了一遍曹雪芹的《红楼梦》改名为《红楼》，并不能说这个人创作出了一个新的作品。

大致了解了独创性的概念之后，我们还应该知道法院是怎样判断作品的独创性的。创作产生独创性，独创性构成作品。这是从作品产生的过程推知的逻辑顺序。但是，法院在具体案件中需要对作品独创性进行认定时恐怕很难从创作活动中寻找答案。这是为什么呢？

我们都知道，创作是一项很私密的活动。曹雪芹当年创作《红楼梦》，除了身边极亲近之人，没人知道整个过程是怎样的。即使是见证了全过程的旁观者，也难以知晓曹雪芹是怎样一点点思考、架构出这一史诗级名著的。

对于法院来说，探究作者的创作过程更是不可能做到的事。著作权自作品创作完成之时产生，侵权行为更是在作品创作完成并进入传播领域之后发生的，至法院审理案件时作品创作早已是不能再现的历史。法院作为迟到的旁观者根本无从探究作者在创作过程中到底有没有投入智力劳动。因此，法院认定独创性只能从作为创作活动最终成果的作品本身出发。如果作品本身表现出某种程度的独创性，则可以推定作者在创作活动中投入了智力劳动，其创作成果就应当获得著作权法的保护。反之，则不能。

还有一点值得注意，法院对于不同作品类型独创性的认定角度是不同的。比如，对于小说这类文字作品，法院主要从具有一定具体性的故事的结构、故事的情节等方面认定其是否具有独创性；而对于美术作品，其独创性则体现在线条、色彩等元素形成的造型效果中。不同类型作品独创性的表现和认定角度是不同的，摄影作品当然也有认定其独创性的独特角度。因此，对摄影作品进行精确分类，有助于法院更好地把握认定摄影作品独创性的角度。

（二）摄影作品的分类

根据不同的标准，可以对摄影作品进行不同的分类。比如，根据拍摄对象的不同，可以将摄影作品分为自然风光照片、人物照片、新闻事件照片等。根据摄影的不同功能，则可以分为艺术性摄影和纪实性摄影等。而与摄影作品独创性判定相关的一种分类方式则是多位学者在其论著中介绍的英国法官Laddie对于摄影作品所作的分类。

Laddie法官根据独创性判定要素的不同将摄影作品分为三类：主题创作型、再现型以及抓拍型。主题创作型照片的拍摄主题和场景、拍摄对象的姿势与表情等都是拍摄者布置和安排的，而并非自然状态的呈现。典型的有婚纱照、亲子照，还有明星杂志封面照等。这类照片中的布景，人物的姿势、表情等，都是靠拍摄者的设计或调动而呈现出来的。这些布置和安排所呈现的效果如果能体现出拍摄者的个性化选择，就可以认定照片具有独创性。

再现型照片的拍摄对象是客观事物，最典型的就是自然风光照片。比如，我们游览颐和园，在昆明湖的彼端远眺万寿山拍摄而成的照片属于典型的再现型照片。这类照片中出现的元素都是不以人的意志为转移的客观事物，拍摄者无法进行任何的设计和调动，只能还原事物的原貌。那么，这类照片怎样体现独创性呢？

《辞海》将摄影艺术定义为造型艺术的一种。拍摄者使用照相机反映社会生活和自然现象，表达思想感情。摄影艺术主要通过画面构图、光线、影调（或色调）三种造型手段来表现主题并求得其艺术形象。根据这一定义，我们可以总结得出，这类照片的独创性体现在通过画面构图、光线、影调等造型手段所实现的造型效果，如对拍摄对象的取舍、组织和布局，对光线的运用，对画面明暗关系、浓淡层次的处理等。需要强调的是，实现前述表达效果离不开摄影技术的运用，但技术的投入并不等同于摄影作品的独创性，独创性应当体现在最终照片画面的造型效果中。

严格来讲，抓拍型照片也属于再现型照片的一种，因为这类照片的拍摄对象也是客观存在的事物。但对于抓拍型照片来说，最为重要的是拍摄时机，恰当的拍摄时机往往能够产生足够独特的画面，具有保护的价值。比如一位摄影爱好者在十渡游玩时恰巧拍到一条鲤鱼从水面跃起的画面，形成了极为罕见的“鲤鱼跃龙门”画面，就构成了一幅具有独创性的摄影作品。

总之，摄影作品的独创性不存在于拍摄对象本身，也不存在于对拍摄技术的投入和运用，而是体现在前述布景、构图、光影效果等表达元素之中，这就是法院分析摄影作品独创性的角度。

（三）精确再现已有立体作品的照片是否构成摄影作品？

想必大家还记得“黑洞”照片引发的连锁反应。共青团中央在微博上公开质问视觉中国公司：“国旗、国徽的版权也是贵公司的？”首先需要明确的是，以国旗、国徽为拍摄对象的照片以及作为拍摄对象的国旗、国徽是不同的客体。其中，国旗算是平面作品，而国徽则属于立体作品。如果对平面作品和立体作品的翻拍都不构成摄影作品，那么视觉中国公司对这些照片自然不享有著作权。共青团中央的如此一问似乎暗含了这一观点。而如果对立体作品的翻拍构成摄影作品，即使视觉中国公司不享有对国徽的著作权，其也有可能通过继受取得等方式成为国徽照片的著作权人。

通过前面的案例分析我们知道，对于绘画等平面作品进行翻拍形成的照片不具有独创性，不是摄影作品，而仅是对已有绘画作品的复制。那么对于立体作品翻拍所形成的照片呢？比如，故宫博物院为了记录和存档，将乾隆时期的“各色釉彩大瓶”进行拍照并附以文字介绍，随后编辑成册。此处拍摄所得照片是摄影作品吗？

需要特别说明的是，独创性的判断具有个案性，并非所有以已有作品为拍摄对象的图片均不构成著作权法意义上的作品，关键还是要看拍摄的成果是否形成了具有独创性的表达。所以，更准确的提问方式应该是，精确再现已有立体作品的照片是否有可能仅是对已有作品的复制而不构成摄影作品呢?

对于这一问题的分歧还是相当大的，并没有形成像对平面作品翻拍照片独创性判定一样相对一致的意见。有人认为，对于立体作品的拍摄总会涉及角度、距离等的选取，因而给拍摄者留下了一定的创作空间，一般情况下能够体现拍摄者的个性化选择和取舍，因而具有独创性，构成摄影作品。另一些人则认为，无论是平面作品还是立体作品，对其的翻拍照片没有给人们带来除已有作品本身的实际样貌外的额外感受的，就有可能仅是对已有作品的复制而不构成摄影作品。

笔者赞同第二种观点。不论拍摄者选取怎样的角度、投入怎样的技巧，对立体作品的翻拍照片，其最终画面的全部表达元素都来源于已有作品，除此之外拍摄者并没有贡献出额外的表达。照片画面的呈现效果与已有作品的差异是细微的，总体上还是对已有作品的复制性呈现。翻拍的过程与临摹一样，是一个必须抑制自身创造力，泯灭一切个人特征的过程。因此翻拍不属于创作而是复制，最终形成的翻拍照片是已有立体作品的复制件。

普法提示

任何法律的调整范围都是有边界的，我们不能指望一部法律可以调整所有的法律关系、规范所有的行为。《著作权法》也是如此，《著作权法》只规定了与作品或制品相关的著作权及邻接权。只有著作权人或邻接权人以及相关的权利人才可以依据《著作权法》主张权利，失去了这一权利基础，便无法得到保护。

通过上文的分析我们知道，独创性是作品受著作权保护的实质条件。所以，并不是所有在外观上符合作品定义的客体都构成著作权法意义上的作品。如果原告主张权利的客体因缺乏独创性要件而不构成著作权法意义上的作品，那么原告就失去了依据《著作权法》主张被告侵权的权利基础，其相关主张自然就不会得到支持，本案的原告阿特公司即是这种情况。

或许有人会问，本案被告CS公司确实未经许可使用了阿特公司的照片，不论这些照片是否构成摄影作品，CS公司未经他人许可使用他人劳动成果的行为本身确实是不正当的，不应该被纵容。那么，怎样做才能够实现实质的正义呢？笔者认为，可以由作为照片拍摄对象的绘画作品的权利人来主张权利。如前所述，对绘画作品进行翻拍形成的照片实际上是绘画作品的复制件。未经权利人许可，将绘画作品的复制件上传到网上进行传播，这一行为落入了绘画作品的权利人对绘画作品所享有的信息网络传播权的控制范围，该权利人当然有权主张停止传播并赔偿损失。

摄影技术的日益发展使拍摄照片的专业门槛和技术成本极大降低。摄影不再是只有经过专业培训的人士配备专业设备才能从事的活动。只要拥有手机、数码相机等专业、非专业设备，人人都可以是摄影师。另外，摄影技术从胶片时代发展至数字时代，摄影作品的载体形式也发生变化，无须再将底片冲洗成实体照片，取而代之的是以数字化文件格式存储的电子照片。而数字文件无须再经过任何格式转化即可天然地进行信息网络传播。互联网的普及，尤其是社交网络、自媒体的发展，更是大大拓展了照片的传播需求。与文字作品相比，摄影作品更为生动形象、吸引眼球，自然成为各类网络内容提供者吸引关注和流量的利器。在网络时代，人人都可能是摄影作品的创作者和传播者。我们要增强权利意识、保护知识产权，才能够避免陷入纠纷。

案例七

新闻莫要乱转载

——时事新闻和新闻作品的区别

史兆欢①

我们正处在信息爆炸的时代。互联网通信技术的快速发展，大大提高了我们接收信息的效率。但是，信息洪流中也充斥着许多虚假信息和重复信息，给我们找到有用信息增加了不少难度。

我们所处的信息时代，是一个流量为王的时代，更是内容为王的时代。因此，为了更多地吸引眼球和占有流量，一些新闻媒体除自己创作新的内容外，还会大量转载其他媒体发布的内容。今天我们要讲解的案例就是因为随意转载他人新闻作品而引发的纠纷。虽然这个案例涉及的金额并不大，但是在我们的日常生活中时常发生，因此有一定的普遍性。

案情回顾

（一）初履新职明权属，奋笔疾书著文章

陈某和吴某都是大秦日报社的记者。2007 年 7 月 16 日，是两位记者进入大秦日报社工作的第一大。当天，两位记者与大秦日报社签订了《聘用合同书》。根据合同约定，大秦日报社作为甲方，陈某、吴某作为乙方，甲方聘用乙方从事采访中心部门记者岗位的工作，乙方为完成甲方工作任务或以甲方工作人员名义所创作的作品为职务作品，职务作品由乙方享有署名权，甲方享有著作权的其他权利，职务作品由甲方统一管理，甲方按照有关规定给予乙方奖励。

陈某和吴某在加入大秦日报社之前，长期关注国家的经济发展，写出过

① 北京互联网法院立案庭法官。

不少优秀的新闻稿件，在这个领域已经具有丰富的记者经验，也具有了一定的影响力。陈某和吴某接到单位的任务，要对某国货商的实际情况进行一次深度报道。接到任务后，两位记者经过多方收集资料和实地采访，在2009年9月2日这一天，共同完成了一篇新闻稿，标题是《某国货商面临严峻挑战》，并刊登在《大秦日报》上，作者署名为记者陈某、吴某。

（二）敕勒无德转文章，大秦无奈赴公堂

然而，万万没想到，在文章刊发的第二天，两位记者就发现敕勒川公司未经许可在他们开办的网站货讯网上转载了《某国货商面临严峻挑战》这篇文章。大秦日报社看到同行竟然做出这种事，感到十分气愤。但是，为了大家的和气，大秦日报社还是事先向敕勒川公司发了一封律师函。没想到，这封律师函有去无回，自此石沉大海，没有得到敕勒川公司的任何答复。无奈之下，大秦日报社向北京市大兴区人民法院提起了诉讼。大秦日报社称，根据两位记者与大秦日报社的《聘用合同书》约定，两位记者发表在《大秦日报》上的《某国货商面临严峻挑战》的文章属于职务作品，大秦日报社享有这篇文章的著作财产权，两位记者享有署名的权利。敕勒川公司的行为侵犯了大秦日报社的信息网络传播权，经由大秦日报社律师发函要求付费使用，敕勒川公司不予理会。因此请求法院判令敕勒川公司向大秦日报社支付著作权侵权损害赔偿金750元，并承担大秦日报社为本案支出的合理费用律师费874元，公证费65元，其他开支106元和本案的诉讼费用。

大秦日报社不打无准备之战，在提起诉讼前已经进行了严密的证据收集工作。为了支持自己的诉讼主张，大秦日报社委托代理人采取了证据保全措施，他们来到北京市东方公证处，在公证人员的监督下登录货讯网，打开并保存多个相关网页，公证过程进行了录像。根据其取证资料显示，2009年9月3日，货讯网刊登了一篇题目为《某国货商发展缓慢牢骚多》的文章，没有注明谁是这篇文章的作者。这篇文章内容与大秦日报社两位记着此前发表的《某国货商面临严峻挑战》一文相比，除部分内容有增删外，主要内容基本一致。大秦日报社提交了自己统计的这两篇文章的对比清单，结果显示

《大秦日报》及货讯网登载的这两篇文章字数分别为2229字及1059字。

（三）大秦两讼传喜讯，敕勒百辩终徒劳

敕勒川公司当然不会轻易同意大秦日报社的诉讼主张，在一审庭审期间提出了多个答辩理由。第一个理由是，大秦日报社取证的公证书的公证时间为2012年8月8日，大秦日报社称向敕勒川公司发过律师函，但敕勒川公司从未收到过，大秦日报社也没有证据证明已发过律师函，大秦日报社起诉时已超过两年诉讼时效。第二个理由是，大秦日报社公证书的公证程序存在重大瑕疵，不能作为认定侵权的证据。第三个理由是，货讯网是为各国商人设立的免费资讯平台，并非营利机构。2014年5月14日，敕勒川公司已经关闭了这个网站，并且《某国货商发展缓慢牢骚多》这篇文章已经被删除。第四个理由是，大秦日报社两位记者所写的文章是时事性文章，敕勒川公司的使用构成合理使用，不需要支付报酬。第五个理由是，即使敕勒川公司的行为构成侵权，大秦日报社主张的赔偿金额过高，公证费、律师费及其他合理开支过高。

一审法院经审理后认为，两位记者所写的这篇文章，是他们在大秦日报社工作期间完成的职务作品，文章除署名权外的其他著作权归大秦日报社所有。敕勒川公司没有经过同意，在货讯网上登载这篇文章，使相关公众可以在其个人选定的时间和地点获得该作品，侵犯了大秦日报社作品的信息网络传播权，应当承担赔偿损失的法律责任。关于敕勒川公司的答辩理由中的第四点，也就是两位记者所写的文章是时事性文章这一理由，一审法院认为，时事性文章是指通过报纸、期刊、广播电台、电视台等媒体报道的单纯客观事实，而涉案文章则表达了作者对相关事实、问题的选择和思考，在结构和言辞上体现了作者的独特构思和表达，而并非对某一客观事实的简单陈述，故不属于时事性文章，敕勒川公司的抗辩不能获得支持。对于诉讼时效问题，敕勒川公司在2014年5月14日关闭货讯网并删除涉案文章，即敕勒川公司侵权行为自发布之日起持续到了2014年5月14日，而本案大秦日报社起诉时间为2015年5月15日，距敕勒川公司停止侵权时间并未超过两年，因此

敕勒川公司所称的本案已过诉讼时效的抗辩意见也没有获得支持。但本案计算侵权赔偿数额的时间应当自大秦日报社起诉之日向前推算两年，且应当减去敕勒川公司停止侵权之日至大秦日报社起诉之日的期间。

一审判决后，敕勒川公司不服，向北京知识产权法院提出上诉，二审法院经审理后维持了一审判决。

法理分析

关于该案例，还有两个问题值得我们详细展开讨论：

（一）敕勒川公司使用涉案文章是不是合理使用？

合理使用制度是我国《著作权法》规定的一项重要制度，目的就在于避免著作权人完全垄断信息，让社会公众能够以一定方式使用权利人创作的作品，同时避免构成侵权的风险。我国《著作权法》原第二十二条（现第二十四条）第一款第四项规定：在下列情况下使用作品，可以不经著作权人许可，不向其支付报酬，但应当指明作者姓名、作品名称，并且不得侵犯著作权人依照本法享有的其他权利：……（四）报纸、期刊、广播电台、电视台等媒体刊登或者播放其他报纸、期刊、广播电台、电视台等媒体已经发表的关于政治、经济、宗教问题的时事性文章，但作者声明不许刊登、播放的除外。

也就是说，如果认为两位记者所写的这篇文章是“关于政治、经济、宗教问题的时事性文章”，那么敕勒川公司就可以不经过大秦日报社的同意转载这篇文章，但是必须为两位记者署名，还须注明文章的题目，而且不能侵犯《著作权法》规定的其他权利。那么，两位记者所写的这篇文章到底属不属于这种情况呢？

“关于政治、经济、宗教问题的时事性文章”在我国法律、法规和司法解释中均没有相应规定，没有给出具体的定义。但学理方面对于这个问题形成了通说，认为只有当一篇文章涉及对当前政治、经济和宗教生活中重大问题的讨论且具有很强的时效性时，对它的转载和广播才可能被认定为“合理使用”。《人民日报》刊登的社论文章就属于典型的“关于政治问题的时事性文章”。

很显然，两位记者所写的这篇文章并不属于这种情况，它讨论的不是当前的重大问题，显然还达不到《人民日报》社论文章这种重要程度，因此不是“关于政治、经济、宗教问题的时事性文章”。《著作权法实施条例》第五条第一项规定：时事新闻，是指通过报纸、期刊、广播电台、电视台等媒体报道的单纯事实消息。时事新闻不是作品，不受著作权法的保护，因此也没有必要讨论对于时事新闻是不是构成合理使用的问题。然而，时事性文章却不同，时事性文章是受著作权法保护的作品，在符合一定条件时，可以进行合理使用。因此，涉案文章并不属于“关于政治、经济、宗教问题的时事性文章”。退一步讲，对于两位记者所写的文章是不是构成“关于政治、经济、宗教问题的时事性文章”的问题，确实存在模糊之处，公说公有理，婆说婆有理，但是即使涉案文章属于“关于政治、经济、宗教问题的时事性文章”，敕勒川公司对于涉案文章的使用方式也不构成合理使用。敕勒川公司使用两位记者的文章时，修改了文章的标题和内容，至少侵害了大秦日报社对于涉案文章享有的修改权，也没有标明两位记者的姓名和原文章的题目，因此不符合《著作权法》原第二十二条（现第二十四条）第一款规定的“不得侵犯著作权人依照本法享有的其他权利”这一构成要件。

（二）大秦日报社的起诉是否超过诉讼时效期间？

原《最高人民法院关于审理著作权民事纠纷案件适用法律若干问题的解释》第二十八条[①]规定：“侵犯著作权的诉讼时效为两年，自著作权人知

① 现《最高人民法院关于审理著作权民事纠纷案件适用法律若干问题的解释》第二十七条规定：“侵害著作权的诉讼时效为三年，自著作权人知道或者应当知道权利受到损害以及义务人之日起计算。权利人超过三年起诉的，如果侵权行为在起诉时仍在持续，在该著作权保护期内，人民法院应当判决被告停止侵权行为；侵权损害赔偿数额应当自权利人向人民法院起诉之日起向前推算三年计算。”

道或者应当知道侵权行为之日起计算。权利人超过两年起诉的，如果侵权行为在起诉时仍在持续，在该著作权保护期内，人民法院应当判决被告停止侵权行为；侵权损害赔偿数额应当自权利人向人民法院起诉之日起向前推算两年计算。”

在该案例中，敕勒川公司上传涉案文章的时间为2009年9月3日，大秦日报社发现敕勒川公司涉案侵权行为的时间是2012年8月，敕勒川公司自认其传播涉案文章的行为持续至2014年5月14日。大秦日报社于2015年5月15日提起本案诉讼，从起诉之日向前推算两年的时间点为2013年5月15日。大秦日报社应当承担自2013年5月15日起至2014年5月14日止期间内侵权行为造成的损害赔偿责任。因此，敕勒川公司关于大秦日报社的起诉超过诉讼时效的上诉主张，缺乏事实和法律依据，二审法院没有采信。

知识拓展

（一）什么是诉讼时效？

对于不从事法律职业的人来说，诉讼时效这个词显得有些陌生，往往难以理解它的法律意义。那么什么是诉讼时效呢？它有哪些法律意义呢？

诉讼时效制度是我国民事诉讼法中的一项基本制度，是指民事权益受到侵害的权利人在法律规定的一段时间内不行使权利的，当这个时间段届满时，法院对权利人的权利不再进行保护的制度。在法律规定的诉讼时效期间内，权利人向法院提出请求保护自己权利的，法院可以通过裁判的方式，强制义务人履行所承担的义务。如果在法定的诉讼时效期间届满之后，向法院提出请求保护自己权利的，法院就不再予以保护。当然，如果超过了诉讼时效期间，负有义务的一方虽然可以拒绝履行其义务，但是这并不意味着权利本身及请求权的消灭，仅是权利人请求权的行使中产生了一种新的抗辩理由。因此，当事人超过诉讼时效后起诉的，法院也应当受理，受理后查明无中止、中断、延长事由的，判决驳回其诉讼请求。这时，权利人虽然可以向法院提起诉讼，但是，除有延长时效的正当理由外，一般难以胜诉，即诉讼时效消灭了权利人的胜诉权。

诉讼时效期间届满后，负有义务的一方如果自愿履行义务，并不违反法律，权利人此时仍可以接受。负有义务的一方自愿履行义务之后，又以当时不知道诉讼时效期间届满为理由而要求返还的，不能得到法院的支持，原因就在于权利人的实体权利不因时效届满而消灭。

诉讼时效及其具体内容必须由国家法律作出规定，当事人必须遵守，如果当事人之间订有关于诉讼时效期间的缩短、延长，以及预先放弃时效利益的协议，则该协议无效。这是因为时效制度具有强制性，当事人必须遵守。

2017 年 3 月 15 日，第十二届全国人民代表大会第五次会议表决通过了《民法总则》，该法自 2017 年 10 月 1 日起施行，其中第一百八十八条第一款规定："向人民法院请求保护民事权利的诉讼时效期间为三年。法律另有规定的，依照其规定。"这表明，我国民事诉讼的一般诉讼时效从 2017 年 10 月 1 日起为 3 年。当然，我们可以看到，我们今天讲解的案例发生时，《民法总则》还没有开始实施，所以当时的一般诉讼时效仍是 2 年。2021 年 1 月 1 日起施行的《民法典》，延续了《民法总则》关于诉讼时效的规定。

（二）什么是职务作品？

我国《著作权法》中明确规定了职务作品的定义，也即第十八条第一款规定的，"自然人为完成法人或者非法人组织工作任务所创作的作品是职务作品，除本条第二款的规定以外，著作权由作者享有，但法人或者非法人组织有权在其业务范围内优先使用。作品完成两年内，未经单位同意，作者不得许可第三人以与单位使用的相同方式使用该作品"。

从这个定义可以看出，由于在创作过程中，作者和他所服务的机构之间存在劳动关系，因此作品在著作权归属上与非职务作品的著作权归属存在区别。职务作品应当具备以下几个特征：一是作者和所在机构应具有劳动关系，作者从这个机构定期领取工资，而不是临时工；二是创作的作品应当属于作者的职责范围，作者在劳动合同规定的职责范围之外创作的作品，即使和他本职工作所从事的领域一样，也不能构成职务作品；三是对作品的使用应在作者所在单位的正常工作任务或业务范围之内，脱离工作单位的法定业务与职能范围创作的作品，即使单位和作者约定为职务作品，也得不到法律的承认。

我国《著作权法》中还规定了三类特殊的职务作品，也即第十八条第二款的规定。第一类特殊职务作品，主要是利用法人或者非法人组织的物质技术条件创作，并由法人或者非法人组织承担责任的工程设计图、产品设计图、地图、示意图、计算机软件等职务作品。第二类特殊职务作品，即报社、期刊社、通讯社、广播电台、电视台的工作人员创作的职务作品。第三类特殊职务作品是兜底性质的规定，即法律、行政法规规定或者合同约定著作权由法人或者非法人组织享有的职务作品。因此，目前来看，已经明确了的特殊职务作品仅限于几类特殊的作品类型，即“工程设计图、产品设计图、地图、示意图、计算机软件”。对于特殊职务作品，作者享有署名权，著作权的其他权利由法人或者非法人组织享有，法人或者非法人组织可以给予作者奖励。

普法提示

根据此案例的情况，在日常生活中有几点注意事项需要提醒读者：

（一）新闻不要乱转载，转载新闻需规范

各个媒体之间转载新闻本是司空见惯的事情，但是转载的时候应当遵守法律的规定。首先各个媒体创作的新闻文章，都有可能构成著作权法保护的作品，创作者或者其所在的单位享有相应的著作权；其次虽然转载新闻文章可能构成合理使用，不构成侵权，但是转载之时也应当规范转载，转载时应当指明作者姓名、作品名称，并且不得侵犯著作权人依照《著作权法》享有的其他权利。例如本案的情形，即使认为涉案的文章属于“关于政治、经济、宗教问题的时事性文章”，敕勒川公司在使用两位记者的文章时，也应当标明两位记者的姓名和原文章的标题，并且不得对原文章随意进行增删。

（二）发现权利被侵犯，及早维权是关键

诉讼时效制度的目的之一就在于促使权利人积极主张权利，不能拖着让纠纷一直存在。如果纠纷长时间不能解决，不利于社会的稳定，也不利于后续解决纠纷时事实的查明。过了诉讼时效期间之后，权利人再主张权利，请求法院解决纠纷，这时如果被告一方提出原告怠于主张权利，已经过了诉讼时效期间，那么法院经审理后即使认为原告的主张有理有据，也不能判决原告胜诉。如果到了这个地步，原告相当于赔了夫人又折兵，不但不能维护自己的权利，反而为了诉讼活动奔波，增加了不少时间和经济成本。因此，在此提醒各位读者，生活中如果遇到权利被他人侵犯的情形，应当及早采取法律行动维护自己的权利，以免因超出诉讼时效期间而陷入被动局面。

第二章

侵权行为及责任承担

案例一

网络主播未经授权播放他人音乐作品直播平台或承担侵权责任

郑成凤[①]

案情回顾

（一）直播平台主播播放他人歌曲，平台被诉侵权

网络直播是当下的热门现象，直播平台作为互联网时代蓬勃发展的产物，推动了网络经济的发展，也催生了一批以年轻人为主的网络主播，有的主播更是凭借高人气“流量”一跃成为“网络红人”，与平台签约、被“粉丝”打赏，开启多渠道赚钱模式。但是，这并不意味着网络主播可以随心所欲，网络直播平台可以随意推卸应当承担的法律责任。

2018年2月14日，著名的网络主播小莫在斗鱼直播平台上进行在线直播，与观看直播的用户互动，说要“一起安静听歌”，并播放了歌曲《恋人心》，时长约1分10秒，还不时与观看直播的用户进行互动，感谢用户赠送礼物打赏。直播结束后，该直播视频也被小莫制作并保存在平台上，观众登录后可以随时随地进行播放观看，也可以进行分享。

《恋人心》的词曲作者是小张，原告音著协经过小张的授权，可以对这首歌行使著作权，并认为直播视频被上传到斗鱼直播平台并供人观看和分享的行为，侵害了其对该歌曲享有的信息网络传播权。斗鱼公司作为该视频的权利人，应当承担侵权责任，故请求判令其赔偿著作权使用费30000元，律师费、公证费等合理支出12600元。

---

① 北京互联网法院综合审判二庭法官助理。

（二）斗鱼直播平台构成侵权，被判赔偿

音著协认为，斗鱼公司未经许可在直播平台中使用《恋人心》这首歌曲，使得观众登录后可以播放观看及分享直播视频，提供了在线播放和在线传播的服务，构成了侵权。音著协同时强调，构成侵权的，并非主播在直播中的行为，而是直播后该视频被上传到斗鱼直播平台并供人观看和分享的行为。

斗鱼公司则认为，“视频作品没有体现平台的意志，斗鱼公司一直都仅作为网络技术中介服务提供商存在”。另外，斗鱼公司强调其事先已经进行了合理的审查，在平台首页设置了“版权保护投诉指引”，事后第一时间删除了相关链接，也没有因在线传播获益，因此其不应承担侵权责任。而且，因海量的注册用户及直播的即时性和随意性，其难以对全部用户进行实时监控。

法院经审理查明，词曲作者小张与音著协签订了《音乐著作权合同》，音著协经其授权可对《恋人心》行使著作权，提起本次诉讼。同时，斗鱼公司提交了《斗鱼直播协议》，协议约定直播方在斗鱼直播平台提供直播服务期间产生的所有成果的全部知识产权、所有权及相关权益，由斗鱼公司享有。斗鱼公司在庭审中确认，对直播打赏的收益，由其与主播按比例进行分成。基于此，法院认为，既然斗鱼公司是这些成果的权利人，享有相关权益，其自然应对因该成果产生的法律后果承担相应责任。在这种情况下，虽然其在获悉涉案视频存在侵权内容后及时删除了相关视频，但也不能就此免责，海量的注册用户及直播的即时性和随意性亦不能成为斗鱼公司的免责理由。因此，斗鱼公司构成侵权，结合本案事实和具体的侵权情节，判令斗鱼公司赔偿音著协经济损失 2000 元，合理费用 3200 元。

（三）争议聚焦

从以上论述来看，本案的争议聚焦于三个问题之上：

第一，被诉侵权行为的责任主体究竟是网络主播还是斗鱼直播平台？法院给出的答案是斗鱼直播平台。根据斗鱼公司提交的《斗鱼直播协议》，主播虽然与直播平台之间不存在劳动或劳务关系，但双方约定主播在直播期间

产生的所有成果均由斗鱼公司享有知识产权、所有权和相关权益，这里的“所有成果”当然包括了涉案视频在内的上传并存放于斗鱼直播平台的视频。虽然主播是视频的制作者和上传者，但因为主播并不享有对这些视频的知识产权和所有权，所以根据权利义务相一致的原则，其不应对视频中存在的侵权内容承担侵权责任。而相应地，既然斗鱼公司是这些成果的权利人，享有相关权益，其自然应对因该成果产生的法律后果承担相应责任。

第二，斗鱼直播平台是不是仅需履行“通知—删除”义务的网络服务提供者？本案审理期间，斗鱼直播平台主张免责的依据是《侵权责任法》第三十六条第二款（现已失效，相关规定见《民法典》第一千一百九十五条第一款和第二款）的规定，认为网络用户利用网络服务实施侵权行为，网络服务提供者接到被侵权人通知，及时采取删除、屏蔽、断开链接等必要措施后，则可以免责。而斗鱼公司所有的斗鱼直播平台不同，凡在斗鱼直播平台上进行直播的主播均要与斗鱼公司签订《斗鱼直播协议》，协议详细约定了双方的权利义务、服务费用及结算以及直播方应承担的违约责任，最重要的是约定了斗鱼公司虽不参与创作，但直播方成果的权利属于斗鱼公司，这说明斗鱼公司不仅是网络服务的提供者，还是平台上音视频产品的所有者和提供者，并享有这些成果所带来的收益，在这种情况下，虽然其在获悉涉案视频存在侵权内容后及时删除了相关视频，但不能就此免责。

第三，海量用户带来的监管不易，可否成为斗鱼直播平台的免责事由？既然斗鱼公司与每一位在平台上注册的直播方约定直播方在直播期间的所有成果的知识产权及相关收益均由斗鱼公司享有，那么其当然应对直播成果的合法性负有更高的注意义务和审核义务。况且，海量用户的存在还会带来巨大的影响和收益，斗鱼公司不应一方面享受利益，另一方面又以直播注册用户数量庞大及直播难以监管为由逃避审核、放弃监管，放任侵权行为的发生，拒绝承担与其所享有的权利相匹配的义务。因此，海量的注册用户及直播的即时性和随意性亦不能成为斗鱼公司的免责理由。

事实上，很多主播都会在直播的过程中播放流行歌曲，有的边播边唱，有的将流行歌曲作为背景音乐，有的就是像本案这样单纯陪“粉丝”听歌。

这不由得让人思考：难道所有主播未经授权在直播过程中播放流行歌曲，直播平台都要承担侵权责任吗？直播平台什么时候可以免责呢？

法理分析

（一）网络侵权中“避风港原则”的基本含义

上述案例中，斗鱼公司主张其免责的理由之一是本案适用“避风港原则”。理由是，直播视频是由主播制作并上传的，自己只是网络服务提供者，并且在事后及时删除了直播视频，已经履行了“通知—删除”的义务，可以免责。

斗鱼公司的上述主张是依据《侵权责任法》第三十六条的规定提出的，其中第二款规定，网络用户利用网络服务实施侵权行为的，被侵权人有权通知网络服务提供者采取删除、屏蔽、断开链接等必要措施。网络服务提供者接到通知后未及时采取必要措施的，对损害的扩大部分与该网络用户承担连带责任。也就是说，网络服务提供者接到权利人关于网络服务平台存在侵权内容或者侵权信息的通知时，及时采取必要措施可免责。否则，虽然没有直接参与侵权行为的实施，但其仍可能因未履行法定注意义务而对损害扩大部分承担责任。[①]

自2021年1月1日起，《民法典》正式施行，《侵权责任法》同时废止。《民法典》针对“避风港原则”进行了更新和完善，增加了网络服务提供者的转通知义务，并明确规定了反通知规则和网络服务提供者的二次转通知，即权利人通知网络服务提供者进行删除或断开链接时，网络服务提供者需及时通知网络用户，并根据服务类型采取必要措施。这与以往一接到通知就立即删除或断开链接不同，给予了网络服务提供者酌情处理的空间。同时，给予网络用户以救济的途径，即网络用户接到转送的通知后可以向网络服务提供者提交不存在侵权行为的声明，网络服务提供者接到声明后应当将该声明转送发出通知的权利人，在合理期限过后，权利人没有向法院提起诉讼或者向有

① 参见王利明：《论网络侵权中的通知规则》，载《北方法学》2014年第2期。

关部门投诉的，网络服务提供者终止必要措施，对争议内容予以恢复。

（二）“避风港原则”不是万能的免责事由

“避风港原则”为网络服务提供者提供了法律上的保护，使其在满足法律规定的条件时，不必对网络用户的侵权行为承担责任。正因如此，这一原则成为众多互联网企业在网络侵权诉讼中的“避风港”，但也成为众多企业推卸法律责任的借口。我们必须意识到，“避风港原则”不是万能的免责事由，不能被滥用，斗鱼直播案就是这样一个鲜活的例子。

本案所诉的侵权行为，并不是主播在直播中的行为，而是直播后该直播视频被上传到斗鱼直播平台供人观看分享的行为。根据斗鱼公司和主播之间的《斗鱼直播协议》，主播直播期间产生的所有成果的知识产权、所有权和相关权益均归斗鱼公司，且斗鱼公司和主播之间还就打赏的收益进行分成。这样一来，斗鱼公司已经不再是一个仅提供技术、提供存储空间的中立的网络服务提供者，它是音视频的权利人，即使没有参与视频的创作，并在获悉涉案视频存在侵权内容后及时删除了相关视频，也不能够免责。

通常而言，网络直播平台为网络服务提供者，就平台上发生的侵害著作权行为履行相应注意义务后可免责。但如果主播与直播平台约定其直播成果的知识产权归平台所有，则直播平台应当承担与其享有的权利相匹配的义务，需要对涉诉侵权行为承担侵权责任。本案判决明确在确定直播平台是否应承担著作权侵权责任时，应当坚持权利与义务相对等原则。“避风港原则”不是网络直播平台万能的免责理由，网络直播平台在享有知识产权利益时，对直播成果的合法性负有更高的注意义务和审核义务。

知识拓展

（一）“避风港原则”相关法律规定与功能

“避风港原则”最早来自美国 1998 年制定的《数字千年版权法案》，适用于著作权领域。2000 年，《最高人民法院关于审理涉及计算机网络著作权纠纷案件适用法律若干问题的解释》引入了这一原则，同样适用于著作权领域。2006 年公布的《信息网络传播权保护条例》以行政立法的方式明确了“避风港原则”，并进行了细化。2010 年，《侵权责任法》将这一原则提升至法律层面，适用范围从著作权扩张到全部民事权益之上，这一专门规定与网络侵权行为日益增多且本身具有特殊性密切相关。同时，《消费者权益保护法》《电子商务法》两部法律，《最高人民法院关于审理侵害信息网络传播权民事纠纷案件适用法律若干问题的规定》以及《最高人民法院关于审理利用信息网络侵害人身权益民事纠纷案件适用法律若干问题的规定》两部司法解释，均不同程度体现了这一重要原则。2021 年 1 月 1 日起正式施行的《民法典》，明确了“通知—转通知及必要措施—声明—转通知及终止必要措施”的体系化规则，进一步平衡了权利人、网络用户、网络服务提供者的权利和义务。

“避风港原则”的诞生是为了平衡互联网时代冲击下各方主体的利益，有助于准确认定网络侵权行为和责任，为权利人提供及时有效的救济途径。一方面，该原则免除了网络服务提供者事先进行普遍审查的义务，有力促进了互联网行业的发展。另一方面，该原则督促权利人发现权利受侵害的事实。同时，这一原则也给被侵权人提供了明确的法律救济途径，如果通知后，网络服务提供者仍然没有采取必要措施，可就扩大损害主张连带责任。正是由于该原则使各方利益形成了有效的平衡，故而其逐渐成为一条不可或缺的重要原则。

但是，“避风港原则”所确立的“通知—删除”规则有着深刻的时代烙印，受限于当时的技术，一般在数量有限的通知之下以人工操作方式完成。随着短视频行业的迅速发展以及算法技术的成熟，为应对大量的用户上传内容，算法被广泛用于侵权监测与通知发送，这也导致了通知的泛滥。《民法典》针对这一问题进行了回应，其第一千一百九十五条第三款规定，权利人因错误通知造成网络用户或者网络服务提供者损害的，应当承担侵权责任。同时，《民法典》还规定了网络用户可以进行“反通知”，可提交不存在侵权行为的声明。这一规定，有效平衡了信息技术飞速发展时代下的各方主体的利益。

（二）“避风港原则”的例外适用——“红旗原则”

所谓“红旗原则”，是指如果网站或者平台上的侵权内容是显而易见的，就像红旗飘扬一样，但网络服务提供者假装看不见而没有采取合理措施，就应当承担侵权责任。因此，该原则向网络服务提供者施加了对这些显而易见的侵权内容采取合理措施的义务。

在某种程度上，“红旗原则”是对“避风港原则”的补充和限制。“避风港原则”产生后，滥用的现象十分普遍，变成了一些网站和平台的“安全港”，甚至演变成某些网站逃避侵权责任的挡箭牌，先侵权后等通知，不通知就不负责，即使通知了，只要删除也能免责。这样一来，权利人的相关权利得不到相应的救济，“避风港原则”也成为网络服务提供者推卸法律责任的借口。在这样的背景下，“红旗原则”应运而生，既然侵权行为的事实已经像红旗一样在网络服务提供者提供的平台上公然飘扬，网络服务提供者就不能装作看不见，或以不知道侵权来推卸责任。如果其未采取删除等必要措施，即使权利人没有发出通知，其也要承担相应的侵权责任。

普法提示

随着互联网和移动通信的迅速发展，网络直播成为一种随处可见的现象，一台电脑、一部手机、一个直播软件，就可以让人们随时随地通过直播进行交流和分享。作为新兴产业，直播无疑促进了网络文化的繁荣，也带动了网络经济的发展。但是，任何创新与发展都必须建立在尊重他人知识产权的基础之上，而不能成为推卸应当承担的法律责任的借口，这才是真创新、真发展，才是健康的创新发展、可持续的创新发展。为推动网络直播行业健康发展，形成尊重知识产权的良好风尚，提示如下：

首先，网络主播要提高自己的版权意识，使用他人作品时需要获得权利人的授权。互联网和移动通信的快速发展逐渐降低了网络直播行业的进入门槛，“人人都是麦克风”的时代已经到来，这也对网络主播提出了更高的要求。同时，由于网络传播具有实时交互性、超越时空性等特征，网络侵权行为具有不同于传统侵权行为的诸多特点，具有广泛的社会影响性。因此，网络主播要提高自身的版权意识，在与直播平台签订协议时，明确约定各方的权利与义务，确认直播平台是否取得了权利人的授权，以及取得了哪些作品的授权。对于没有取得授权的，在直播前，应当主动联系权利人，经授权后再合法使用。

其次，网络直播平台必须明确自身定位，不要滥用“避风港原则”，逃避自己应当承担的法律责任。无论是在平台建立之初，还是在和网络主播签订合约的过程中，直播平台应当明确自身到底是一个单纯提供服务的平台，还是实质上的直播成果的权利人。从权利与义务相对等的角度来看，这决定了平台应当承担多大的义务，侵权后要承担多大的责任。如果平台因海量用户的存在带来了巨大的影响，就不能一边享受利益，一边又借口用户数量庞大和监管困难逃避审核、放弃监管。如果实质上已经成为直播成果的权利人，就不要再用“避风港原则”推卸法律责任。

最后，网络直播平台可以考虑进行版权合作。事实上，如果每个主播每次使用作品，都要一一获得权利人授权，不仅对主播来说是件很困难的事情，也会影响网络直播平台自身的良性发展，乃至影响整个网络直播行业的发展与创新。在版权保护日趋严格的今天，网络直播平台可以考虑与集体管理组织合作以解决其法律责任问题。比如针对音乐作品问题，可以考虑和音著协这样版权资源丰富的主体进行合作，并告知主播合法使用音乐作品的范围。

以司法为新兴互联网产业发展保驾护航，绝对不等同于一味纵容。在网络直播发展浪潮中，我们在享受网络直播给生活带来的巨大变化的同时，更要保持理性，尊重版权，通过各方努力推动网络直播行业健康发展。

案例二

提供网盘资源分享搜索链接服务是否构成侵权？

——解析《民法典》第一千一百九十五条、第一千一百九十七条与《信息网络传播权保护条例》第二十二条、第二十三条之关系

方小康[①]

案情回顾

（一）提供网盘服务，陷入侵权风波

这是一起关于提供网盘相关服务是否构成侵权的典型案例。原告阳光公司是《歌手》2019 第 0118 期的相关著作权人，被告白云公司是“白云网盘”的运营公司，负责提供网盘的相关服务。被告蓝天公司运营“盘多多”网站，向用户提供了上述节目的搜索链接服务，并可通过白云网盘进行保存下载。同时，在节目播出前，阳光公司向白云公司发过“预警函”，要求白云公司采取相关措施预防侵权行为发生。为此，阳光公司认为，白云公司和蓝天公司的行为侵害了其享有的信息网络传播权，构成帮助侵权，故诉至法院。

（二）走进庭审流程，还原事情真相

法院在审理过程中发现，在蓝天公司经营的“盘多多”网站中输入“歌手 2019”进入相关页面并未发生页面跳转，同时能够清楚显示有推荐列表，并能通过白云网盘资源链接进行保存下载。白云公司作为白云网盘的经营者，设置了 robots 协议，禁止任何搜索引擎包括白云搜索引擎抓取白云网盘分享页面的内容，同时设置了投诉板块、侵权信息反馈板块等投诉渠道，而阳光公司发出的“预警函”中并没有具体侵权的事实和相应的用户账号信息。

---

① 北京互联网法院审管办（研究室）法官助理。

因此，法院最后认定白云公司作为信息储存空间的提供者已尽到相应义务，不构成侵权；而蓝天公司作为搜索服务提供者具备过错，构成帮助侵权，应承担侵权责任。

本案的争议焦点主要在于网络服务提供者是否需要承担帮助侵权的法律责任。那么，对于网络服务提供者承担侵权责任，法律究竟是如何规定的呢?

法理分析

对于网络服务提供者是否承担侵权责任，目前主要从《民法典》第一千一百九十五条、第一千一百九十七条以及《信息网络传播权保护条例》第二十二条、第二十三条的规定进行认定。对提供网盘服务的性质认定，带来了法律适用上的难题，即是该适用《民法典》的第一千一百九十五条、第一千一百九十七条，还是适用《信息网络传播权保护条例》的第二十二条、第二十三条?

（一）法律位阶

首先，从上述两部规定的制定主体来看，《民法典》是由全国人民代表大会制定、发布的，而《信息网络传播权保护条例》是由国务院制定、发布的。因此，从法律位阶来看，《民法典》属于上位法，而《信息网络传播权保护条例》属于下位法。根据相关法理，当上位法与下位法发生冲突时，上位法优先。

其次，根据特殊法优于一般法的法理精神，《信息网络传播权保护条例》作为特殊法，在与作为一般法的《民法典》不构成冲突时，应当适用特殊法。而其中最为直接的原理就是，特殊法是根据一般法进行制定的，比一般法更具有可操作性与实践性，在两者不构成冲突的情形下，特殊法应优先。

所以，通过上述法律位阶的分析，针对本案，在《民法典》与《信息网络传播权保护条例》不存在法律适用冲突的前提下，根据特殊法优于一般法的法律位阶原则，我们首先应考虑的便是《信息网络传播权保护条例》中关于网络服务提供者的行为认定，而当《信息网络传播权保护条例》无法涵盖相关行为时，我们再考虑适用一般性规定的《民法典》进行行为性质的认定。这一裁判思路，严格遵循了法理中对于法律位阶适用的规定，是正确认定行为性质的前提。

（二）法律行为认定

确定了法律适用的位阶顺序后，接下来更为考验的便是对法律行为的性质认定。在本案中，所涉及的主要是对两个主体法律行为的性质认定，一是白云公司作为信息空间储存服务提供者的行为认定，二是蓝天公司作为搜索、链接服务提供者的行为认定。

首先，我们来看一下白云公司的行为。根据《信息网络传播权保护条例》第二十二条的规定，提供信息存储空间服务，强调的是要供服务对象通过信息网络向公众提供作品，公开性和分享性是这里规定的信息存储空间服务的本质特征。而白云网盘主要用于个人文件存储与备份，并未设立统一的公共分享空间，亦未设站内搜索。在不知道链接或者账号信息的情况下，登录白云网盘并不能浏览和观看用户上传至其个人账号空间内的文件内容。因此，白云网盘的本质特征是私密性和封闭性，该网络服务的主要目的不是公开和分享，故该公司的行为不属于《信息网络传播权保护条例》中所规定的信息空间储存服务，不适用《信息网络传播权保护条例》。

在排除《信息网络传播权保护条例》这个特殊法的适用前提下，我们再来看一下《民法典》中对这一行为又是如何规定的。《民法典》第一千一百九十五条、第一千一百九十七条[①]一般性地规定了网络服务提供者这一法律概念，指出了网络服务提供者采取删除、屏蔽、断开链接等必要措施的法律义务，并对未及时采取措施造成侵权的行为，规定承担连带责任。因此，本案中，作为网络服务提供者的白云公司是否采取了必要措施

① 该案件审理时适用《侵权责任法》第三十六条，《侵权责任法》现已失效，相关规定见《民法典》第一千一百九十五条、第一千一百九十七条，故围绕《民法典》最新规定展开分析。

成为认定其法律责任的关键。

对于何为必要措施，《民法典》中提到了“删除、屏蔽、断开链接等必要措施”，因此，最为直接的便是我们所称的“通知—删除”义务，即作为网络服务提供者在接到权利人的通知后，针对侵权行为采取删除、屏蔽、断开链接等手段，确保权利人的权利得到保障。本案中，白云公司的行为是否等同于法律所要求的必要措施呢？根据法院查明的事实，白云公司在第一时间已针对侵权链接采取了删除、屏蔽，已履行相应的必要措施，最终，法院认为白云公司不构成帮助侵权，不承担侵权责任。

其次，我们再来分析一下蓝天公司作为搜索、链接服务提供者的法律责任。根据《信息网络传播权保护条例》第二十三条的规定，网络服务提供者为服务对象提供搜索或者链接服务，明知或者应知所链接的作品侵权的，应当承担共同侵权责任。也就是说，作为提供搜索、链接服务的网络提供者，若明知或者应知所提供搜索、链接服务的对象是侵权作品，法律就将其认定为共同侵权。这一法律规定，涵盖了法律主体主客观两大要件，第一是网络服务提供者客观上提供了搜索、链接的服务行为；第二是其主观上明知或者应知其行为对象的作品是侵权作品。对于客观行为，其法律认定不存在难题，难题在于如何对主观方面进行法律认定。

对于明知或者应知的主观标准把握，我们仍然需从主体的客观行为出发。根据《北京市高级人民法院侵害著作权案件审理指南》中对于“应知”的指示，对于信息存储空间服务提供者，对其“应知”的判断可以从以下情形进行推定：一是涉案作品或者与其相关的信息位于首页、各栏目首页或者其他主要页面等可被明显感知的位置；二是对涉案作品的主题或者内容主动进行选择、编辑、修改、整理、推荐或者为其设立专门排行榜的；三是网络用户提供的是专业制作且内容完整的影视作品、音乐作品、表演、录音录像制品，或者处于热播、热映期间的影视作品、知名度较高的其他作品以及相关的表演、录音录像制品；四是网络用户提供的是正在制作过程中且按照常理制作者不可能准许其传播的影视作品、音乐作品、表演、录音录像制品。对于链接服务提供者，对其“应知”的判断可以从以下情形出发：一是链接服务提供者对被链接的涉案作品进行了主动的选择、编辑、推荐，公众可以在设链网站上直接下载、浏览或者其他方式获得的；二是链接服务提供者设置定向链接，且被链接网站未经许可提供涉案作品侵权行为明显的。[①]

因此，满足上述条件的行为，在无相反证据证明的前提下，我们便认为其构成法律上的明知或者应知。本案中，根据法院已查明的事实，作为"盘多多"网站经营者的蓝天公司，在其网站内向用户提供侵权作品的搜索、链接服务，页面并未发生任何跳转，同时通过搜索关键字眼，能够出现相关推荐列表，点击相关内容便可进入白云网盘对资源进行保存、下载以及播放。综合以上因素，足以证明蓝天公司通过搜索结果对网盘资源链接进行了推荐、选择和编辑。

同时，法院在审理过程中，考虑到蓝天公司的从业模式，指出"盘多多"网站的搜索范围并非直接针对白云网盘的内容，而是针对白云网盘用户在互联网上分享的网盘文件链接进行搜索。白云网盘为封闭性私人空间，并非用于公共分享。虽然网盘用户可以分享链接，但出于保护知识产权和网络用户隐私的考量，包括白云搜索引擎在内的通用搜索引擎并不对网盘用户放置在第三方站点的分享链接提供信息定位服务。蓝天公司作为从事相关搜索业务的从业者，对白云公司及其他通用搜索引擎不提供前述信息定位服务的原因应当知晓。其运营的"盘多多"网站，对发布在第三方平台的网盘资源链接及标题进行全网抓取，客观上汇总了侵权链接，并会导致侵权范围进一步扩大的法律后果。如果对蓝天公司的这种搜索链接服务不予以制止，将会使白云网盘成为侵权作品存储和分享的"乐园"，极大地损害著作权人的合法权利。因此，蓝天公司作为搜索服务提供者，具有过错，违反了《信息网络传播权保护条例》第二十三条之规定，构成帮助侵权，应当承担侵权责任。[②]

---

① 参见《北京市高级人民法院侵害著作权案件审理指南》第9.11—9.15条。

② 北京互联网法院（2019）京0491民初2826号判决书。

知识拓展

通过上述法理分析，大家对于网络服务提供者构成共同侵权的行为有了一定了解，但仍然会存在以下几个疑问：第一，对于网络服务提供者适用“避风港原则”，法律是如何规定的，何种情形能够适用；第二，权利人向网络服务提供者发出权利通知时，怎样才能保证发出的通知符合法律要求，构成法律上的“有效通知”；第三，法律所要求的“必要措施”有哪些，如何判断网络服务提供者采取了“及时”的措施？下面针对以上疑问，作一一回应。

（一）关于“避风港原则”的适用

“避风港原则”，也被称为“通知—删除”原则，最早来自美国 1998 年的《数字千年版权法案》。当时美国为了互联网行业的发展，考虑到有些类型的网络服务提供者没有能力事先对他人上传的作品进行审查，而且事前也不知道并且不应该知道侵权事实的存在，在著作权人通知的情况下，对侵权内容进行移除，即“通知—移除”，则可提出抗辩而免除相应的侵权责任。[①]我国《信息网络传播权保护条例》第二十二条、第二十三条中，针对提供信息存储空间服务、搜索或者链接服务的网络服务提供者，表达了“避风港原则”的核心思想。《民法典》第一千一百九十五条、第一千一百九十七条则将“避风港原则”的适用主体扩展至其他的网络服务提供者。

《信息网络传播权保护条例》第二十二条规定：“网络服务提供者为服务对象提供信息存储空间，供服务对象通过信息网络向公众提供作品、表演、录音录像制品，并具备下列条件的，不承担赔偿责任：（一）明确标示该信息存储空间是为服务对象所提供，并公开网络服务提供者的名称、联系人、网络地址；（二）未改变服务对象所提供的作品、表演、录音录像制品；（三）不知道也没有合理的理由应当知道服务对象提供的作品、表演、录音录像制品侵权；（四）未从服务对象提供作品、表演、录音录像制品中直接获得经济

① 丁春燕：《网络社会法律规制论》，中国政法大学出版社 2016 年版，第 245 页。

利益；（五）在接到权利人的通知书后，根据本条例规定删除权利人认为侵权的作品、表演、录音录像制品。”第二十三条规定：“网络服务提供者为服务对象提供搜索或者链接服务，在接到权利人的通知书后，根据本条例规定断开与侵权的作品、表演、录音录像制品的链接的，不承担赔偿责任；但是，明知或者应知所链接的作品、表演、录音录像制品侵权的，应当承担共同侵权责任。”上述法律条文明确规定了针对提供信息存储空间服务、搜索或者链接服务的网络服务提供者的“避风港原则”，即“通知—删除”的抗辩免责事由。

此外，《民法典》第一千一百九十五条第一款规定：“网络用户利用网络服务实施侵权行为的，权利人有权通知网络服务提供者采取删除、屏蔽、断开链接等必要措施。”第二款规定：“网络服务提供者接到通知后，应当及时将该通知转送相关网络用户，并根据构成侵权的初步证据和服务类型采取必要措施；未及时采取必要措施的，对损害的扩大部分与该网络用户承担连带责任。”第一千一百九十七条规定：“网络服务提供者知道或者应当知道网络用户利用其网络服务侵害他人民事权益，未采取必要措施的，与该网络用户承担连带责任。”该上述规定以间接侵权责任细化了“避风港原则”，同时对于网络服务提供者这一主体概念也作了概括性规定，将网络侵权发生的复杂性完全考虑在内。

（二）何为“有效通知”？

既然“通知—删除”规则可以作为网络服务提供者的“避风港”，那么作为当事人怎样才能知道该“通知”是符合法律要求的有效通知呢？根据《信息网络传播权保护条例》第十四条的规定：“对提供信息存储空间或者提供搜索、链接服务的网络服务提供者，权利人认为其服务所涉及的作品、表演、录音录像制品，侵犯自己的信息网络传播权或者被删除、改变了自己的权利管理电子信息的，可以向该网络服务提供者提交书面通知，要求网络服务提供者删除该作品、表演、录音录像制品，或者断开与该作品、表演、录音录像制品的链接。通知书应当包含下列内容：（一）权利人的姓名（名称）、联系方式和地址；（二）要求删除或者断开链接的侵权作品、表演、录音录像制品的名称和网络地址;（三）构成侵权的初步证明材料。权利人应当对通知书的真实性负责。”由此可见，法律意义上的“有效通知”绝非我们日常意义上理解的那样，只要发了“告知函”“通知书”等，就算“有效通知”;如果其上没有任何权利与侵权信息内容，则无法构成法律意义上的“有效通知”。

此外，通过对审判实际工作的总结，对于权利人提交的通知，除符合上述《信息网络传播权保护条例》第十四条规定的以外，以下情形的通知也可视情况认定：权利人提交的通知未包含被诉侵权的作品的网络地址，但网络服务提供者根据该通知提供的信息对被诉侵权的作品能够足以准确定位的，可以认定权利人发出了通知;对被诉侵权的作品是否能够足以准确定位，应当考虑网络服务提供者提供的服务类型、权利人要求删除或者断开链接的作品文件类型以及作品的名称是否具有特定性等具体情况认定。① 因此，有效通知的认定，无论是法律规定，还是审判实践，均应从作品的实际定位出发，只要权利人提供的通知能够准确定位作品，该通知即能被认定为有效通知。

（三）关于“必要措施”的相关问题

无论是《信息网络传播权保护条例》，还是《民法典》的相关规定，对于当事人采取的必要措施主要是以“删除、断开、屏蔽”链接等情形进行规定。同时，针对不同的侵权投诉场景进而匹配合理的必要措施就显得尤为重要。根据《信息网络传播权保护条例》《民法典》以及司法实践，可将必要措施分为两大类：一是收到合格通知后，网络服务提供者应当采取的能够及时阻止侵权行为的措施，包括删除、屏蔽、断开链接等;二是网络服务提供者收到合格通知后，基于主张权利本身的特征，或基于网络服务提供者的特殊性质，其并不需要也不能够通过采取删除等措施进行免责，而是可以采取其他措施来达到免责条件。因此，对于必要措施的认定，应结合侵权场景和行业特点，秉持审慎、合理之原则，实现权利保护、行业发展与网络用户利益的平衡。②

① 参见《北京市高级人民法院侵害著作权案件审理指南》第9.21条。

② 北京知识产权法院（2017）京73民终1194号判决书。

对于必要措施的“及时性”问题，法律并未给出明确的答案。《最高人民法院司法解释理解与适用》(2012)[①] 中提到，“至于具体多长时间为及时，由人民法院在审理具体案件中根据司法解释中所列因素具体认定”。由此可见，对于必要措施的“及时性”并不能机械地进行认定。虽然 2015 年 10 月 14 日，国家版权局发布了《关于规范网盘服务版权秩序的通知》，其中提到了“投诉后 24 小时内移除相关侵权作品，删除、断开相关侵权作品链接”，但是鉴于个案之间在服务模式、链接数量、作品类型、市场价值、紧急程度等方面可能存在巨大差异，因此不宜“一刀切”式将“24 小时内”作为考量的唯一因素，而应当根据最终的实际效果进行判断。[②] 具体而言，可以考虑以下因素：一是具备采取相应措施所需要的信息管理能力等条件；二是要求其采取必要措施具有可行性和合理性；三是从利益衡量角度出发，相关措施的采取不会造成不合理的利益损害。

普法提示

综上，本文通过对网络服务提供者相关行为的法律梳理，力争为大家展现作为网络服务提供者在提供相关网络服务行为时应注意的法律问题，以避免自身陷入侵权的“泥沼”。同时，针对网络服务提供者的侵权行为认定，着重梳理《民法典》第一千一百九十五条、第一千一百九十七条与《信息网络传播权保护条例》第二十二条、第二十三条之关系，从特别法与一般法的法律位阶出发，避免司法实践中法律适用出现问题。在此，提醒广大网络服务提供者以及相关权利人，谨记以下法律建议，共建尊重知识产权的法治环境：

网络服务要合法，通知删除要及时；

权利通知需有效，避免维权成空话；

避风港湾非万能，怠慢大意仍侵权。

---

① 《最高人民法院司法解释理解与适用》(2012)，法律出版社 2013 年版。

② 北京市海淀区人民法院（2017）京 0108 民初 15648 号判决书。

案例三

超授权范围使用作品可构成侵权

龚娉[①]

案情回顾

近年来，随着信息技术和网络产业的迅猛发展，文学、影音作品等借助网络的传播力量，极大地丰富和扩展了自身被利用的方式和范围，社会的创造力被不断激发，智力成果被更有效地传播，社会对知识和信息的需求得到了空前的满足。然而在这一派繁荣、生机勃勃的背后，通过网络传播侵害著作权即侵害信息网络传播权纠纷亦呈现暴涨之势。实践中，对这类纠纷，最常见的抗辩理由是“经合法授权”，但是否具有合法授权，尤其是被诉侵权行为是否在授权范围之内，是审理这类案件经常遇见的问题。请看下面这个案例。

（一）基本事实

本文所述案例是向前电视公司起诉悦看网公司、悦看极鲜公司的侵害作品信息网络传播权纠纷。向前电视公司从全国电视公司取得了纪录片《中华美食大赏（第二季）》（共8集）的互联网电视业务模式（包括互联网电视机终端、互联网机顶盒，不包括IPTV业务模式）下的独占专有的信息网络传播权及维权权利，授权期限自2014年6月1日起至2016年5月31日止。

2014年7月3日，向前电视公司发现“YuetvS40”悦看超级电视（制造商：悦看极鲜公司”“悦看TV”）接入互联网，使用随机附赠的充值卡激活会员，开机过程显示“悦看超级电视播控平台验证加载中”，有商业广告出现。进入主界面，显示有“首页”“世界杯”“电影”“亲子”“纪录片”“动漫”等

① 北京互联网法院综合审判一庭法官。

频道和部分影视节目海报。点击搜索功能框，进入搜索界面，在检索框中选择“纪录片”进行搜索，共找到“500+”条搜索结果，且首页位置显示有“中华美食大赏2”的链接图标。点击该图标，出现涉案纪录片的详情介绍和海报；有“播放”“标清”“收藏”“下载”按钮以及全部8集的视频列表。点击“播放”，能够正常播放涉案纪录片，播放界面显示有“悦看网高清”字样水印。故向前电视公司起诉至法院，要求悦看网公司、悦看极鲜公司立即停止侵权，共同赔偿向前电视公司经济损失78万元、维权合理开支2万元。

对此，悦看网公司辩称“悦看互联网电视平台”名为“悦看TV版”，搜索时显示的“悦看搜索”为悦看网公司开发的APP软件，无论涉案纪录片通过哪种渠道传播，最终均来源于其经营的悦看网，影片存储于该网站，并已取得相关权利人授权，不构成侵权。因为悦看网公司与全国电视公司签订有《内容许可协议》，约定：授权权利为非独家的信息网络传播权，仅限互联网点播权利，不含直播、下载、转授权的权利（授权平台为计算机、移动终端的互联网平台及客户端，排除IPTV、互联网电视及与移动运营商合作的无线增值业务的权利）；使用方式：授权内容仅限点播权利；授权使用范围：仅可按照本协议在其自有网站（www.Yuetv.com）及其客户端上使用授权内容，不得突破本协议约定的方式和范围使用。

（二）一审法院认定

第一，通过“悦看互联网电视平台”连接互联网后，用户可以电视机为接收终端，在个人选定的时间和地点获得该纪录片，故涉案播放行为已落入了信息网络传播权的控制范围。以该种方式行使涉案纪录片的信息网络传播权时应取得权利人授权。

第二，根据悦看网公司和全国电视公司签订的《内容许可协议》，其中明确约定“授权权利仅限互联网点播权利，授权平台为计算机、移动终端的互联网平台及客户端，排除IPTV、互联网电视及与移动运营商合作的无线增值业务的权利”。故悦看网公司无权通过信息网络以电视机为接收终端传播该作品，其行为超出了权利人的授权范围，属于侵犯信息网络传播权的行为，应承担停止侵权、赔偿损失的法律责任。

故判决悦看网公司赔偿向前电视公司经济损失和维权合理开支共计10万元。

（三）二审法院认定

悦看网公司不服一审判决上诉，认为一审判决相关认定错误，其已获合法授权，涉案纪录片播放来源已显示为悦看网，“悦看搜索”是一个基于垂直搜索的应用，仅提供搜索、链接服务，故未侵犯向前电视公司的信息网络传播权。

二审法院经审理认为，第一，如一审认定，根据悦看网公司和全国电视公司的《内容许可协议》的约定，悦看网公司无权通过信息网络以电视机为接收终端传播涉案纪录片，其行为已超出了权利人的授权范围。

第二，悦看网公司主张其仅提供搜索、链接等网络技术服务的，应承担举证证明责任；通常情况下，如无被链接网站网址及其界面信息等，仅凭水印、文字信息提醒、缓冲界面显示等无法认定其提供的仅是链接服务。本案中，尽管通过“悦看搜索”搜索播放涉案纪录片过程中，播放界面显示有“悦看网高清”字样水印等，但整个过程均未体现悦看网网站的网址以及其他能够体现涉案纪录片系在悦看网网站上播放的信息，故悦看网公司的证据尚不足以证明其仅提供搜索、链接等网络技术服务。

故一审法院认定结论正确，且依法确定赔偿数额并无不当，驳回上诉，维持原判。

法理分析

（一）被许可人超出合同许可范围使用作品的法律性质

著作权许可，是作品使用的常见方式，著作权人通过与被许可人签订著作权许可合同的方式，使得被许可人可以在合同约定的时间和地域范围内，以合同约定的方式利用作品。被许可人超出合同授权范围使用作品，必然是一种违约行为，但是否必然侵犯著作权，关键在于该行为是否属于著作权所控制的行为。如果属于著作权所控制的行为，则该行为是侵犯著作权行为与违约行为的竞合；但如果该行为并非著作权所控制的行为，则其仅可能构成对许可人的违约行为，并不构成侵犯著作权的行为，此时许可人只能就此主张违约责任，而不能根据著作权主张侵权责任。

（二）网络技术服务与信息网络传播权控制范围的辨别

本文案例中，悦看网公司通过信息网络以电视机为接收终端传播涉案纪录片的行为，显然已经超出了授权方在《内容许可协议》中授权其使用涉案纪录片的范围。向前电视公司主张悦看网公司侵害其对涉案纪录片享有的信息网络传播权，即主张悦看网公司的行为落入信息网络传播权的控制范围。而悦看网公司辩称其仅提供搜索、链接等网络技术服务，即并非信息网络传播权控制行为。因此涉案行为是提供搜索、链接等网络技术服务还是属于信息网络传播权所控制的行为，是认定是否构成著作权侵权的关键。首先，根据“谁主张，谁举证”原则，悦看网公司应就其主张的仅提供搜索、链接等网络技术服务承担举证证明责任。其次，关于证明的方式和标准，通常情况下，如无被链接网站网址及其界面信息等，仅凭水印、文字信息提醒、缓冲界面显示等无法认定其提供的仅是链接服务。再次，本案中通过“悦看搜索”搜索播放涉案纪录片过程中，播放界面虽显示有“悦看网高清”字样水印等，但整个过程均未体现悦看网网站的网址，以及其他能够体现涉案纪录片系在悦看网网站上播放的信息，故在无其他证据佐证情况下，悦看网公司尚不足以证明其提供的仅是搜索、链接等网络技术服务。最后，用户通过“悦看互联网电视平台”连接互联网后，可以电视机为接收终端，在个人选定的时间和地点获得涉案纪录片，悦看网公司的该涉案播放行为属于信息网络传播权规制的行为，故构成信息网络传播权侵权。

知识拓展

（一）著作权许可使用与著作权许可使用合同

著作权人的著作财产权可以自己行使，也可以通过签订许可使用合同授权其他人行使。著作权人授权他人行使著作权是实现自己著作权的常见方式。著作权许可使用是著作权人将其作品以一定的方式、一定的地域范围和在一定的期限内许可他人使用并获得相应报酬的行为。他人使用著作权人作品，应征得著作权人许可。

《著作权法》第二十六条规定："使用他人作品应当同著作权人订立许可使用合同，本法规定可以不经许可的除外。许可使用合同包括下列主要内容：（一）许可使用的权利种类；（二）许可使用的权利是专有使用权或者非专有使用权；（三）许可使用的地域范围、期间；（四）付酬标准和办法；（五）违约责任；（六）双方认为需要约定的其他内容。"

著作权许可使用合同分为专有使用权许可合同和非专有使用权许可合同。非专有使用权许可合同的被许可人不能排除他人以相同的方式使用作品，其地位与著作权人相去甚远。但专有使用权许可合同的被许可人的法律地位与之完全不同。根据《著作权法实施条例》第二十四条的规定，对于专有使用权的内容，合同没有约定或者约定不明的，视为被许可人有权排除包括著作权人在内的任何人以同样的方式使用作品。同时，著作权的专有被许可人还可以自己的名义，就他人在相同的时间、地域范围内未经许可以相同方式使用作品的行为提起诉讼或申请诉前措施。这就意味着专有被许可人取得了接近于著作权人的地位，也即排除他人以相同方式使用的权利。

著作权许可使用合同中，有些授权内容并非著作权的权利内容，而是使用作品的方式，比如著作权人在许可合同中禁止被许可人向第三方网站提供链接端口，被许可人违反该约定的，只构成违约。

（二）受信息网络传播权规制的行为

《著作权法》第十条第一款第十二项规定，信息网络传播权，即以有线或者无线方式向公众提供，使公众可以在其选定的时间和地点获得作品的权利。《最高人民法院关于审理侵害信息网络传播权民事纠纷案件适用法律若干问题的规定》第三条规定：“网络用户、网络服务提供者未经许可，通过信息网络提供权利人享有信息网络传播权的作品、表演、录音录像制品，除法律、行政法规另有规定外，人民法院应当认定其构成侵害信息网络传播权行为。通过上传到网络服务器、设置共享文件或者利用文件分享软件等方式，将作品、表演、录音录像制品置于信息网络中，使公众能够在个人选定的时间和地点以下载、浏览或者其他方式获得的，人民法院应当认定其实施了前款规定的提供行为。”

据此，信息网络传播权是指以有线或者无线方式向公众提供作品、表演或者录音录像制品，使公众可以在其个人选定的时间和地点获得作品、表演或者录音录像制品的权利。对于信息网络传播权，须注意以下问题：

1. 只控制交互式传播行为。信息网络传播权不能被想当然地理解为“通过信息网络传播作品的权利”，而只能是“通过信息网络对作品进行交互式传播的权利”。如果传播行为并未采用交互式手段，不能使公众在其个人选定的时间和地点获得作品，则不受信息网络传播权的控制。

2. 控制的是使公众获得作品的可能性。该权利控制的是以交互式手段向公众提供作品的行为。这里“提供”作品的行为，仅为公众提供获得作品的可能性，无须当事人举证证明公众实际进行过下载、浏览或以其他方式在线获得的事实。

3. 不能将“在指定的时间和地点”理解为任意时间和地点。信息网络传播权中的“公众更可以在其个人选定的时间和地点”是为了描述“交互式传播”的特征，不能将此绝对地理解为个人可以随意选择任一时刻和世界上的任一角落，因此任何通过信息网络实施的“交互式传播”行为都应受到信息网络传播权的控制。

信息在网络中的传播过程通常会涉及两类行为：一类是信息网络传播行为，即在向公众开放的网络中向用户提供各种类型信息的行为；另一类是网络服务提供行为，即为信息在网络上的传播提供技术、设备支持和中介服务的行为，包括接入、缓存、信息存储空间和信息定位服务等。按照《著作权法》的规定，前者为信息网络传播权所直接控制的行为，他人未经许可实施上述行为，除非属于著作权法所规定的限制与例外情形，否则将构成对信息网络传播权的直接侵犯；后者虽不被信息网络传播权所涵盖，但如果符合相关法定要件，则行为人亦需承担帮助、教唆侵权等共同侵权责任。两类行为在行为性质、侵权构成要件、过错标准、责任形式等各个方面均存在很大区别，只有在准确界定哪些行为是信息网络传播权直接控制的信息网络传播行为的基础上，才能区分两类行为的性质，正确适用法律，明确法律责任。司法实践中，将作品、表演和录音录像制品上传到网络服务器，在本地电脑或者网络服务器设置向公众共享文件以及通过文件分享软件等方式，将相关作品、表演和录音录像制品置于信息网络中，使公众能够在其个人选定的时间和地点下载、浏览或者以其他方式获得，均属于作品提供行为，如果未获权利人许可，构成直接侵权。

（三）网络链接服务的法律性质及救济

在涉及信息网络传播权的纠纷中，比较常见的辩称意见是提供的是链接。网络链接的基础概念是“超文本链接”或简称“超链接”（hyperlink），其含义广泛，包括几乎所有网络链接。直接指向被链网站首页的是浅层链接（surface link），指向被链网站次级网页的是深层链接（deep link），它们一般在网络用户点击后跳转至被链网站，可被称为“普通链接”。结合加框技术等，又有加框链接（framing link）、内链接（inline link）或埋设链接（embodied link）等特殊深层链接，它们在用户点击后不发生跳转而直接在设链网站展示作品，在埋设链接情形下甚至无须用户点击就可在设链网站展示作品。

一般认为，普通链接具有信息定位功能，属于信息网络服务范畴，功能在于帮助网络用户在具有海量信息的互联网空间及时、准确地获得目标信息，因此普通链接行为不构成著作权法规定的信息网络传播行为。《信息网络传播权保护条例》第二十三条规定，网络服务提供者为服务对象提供搜索或者链接服务，在接到权利人的通知书后，根据本条例规定断开与侵权的作品、表演、录音录像制品的链接的，不承担赔偿责任；但是，明知或者应知所链接的作品、表演、录音录像制品侵权的，应当承担共同侵权责任。这为网络服务提供者的网络搜索和链接服务规定了共同侵权责任及例外。

而实践中，对于不发生跳转的特殊深层链接行为的法律性质界定存在较多争议。根据服务器标准，信息网络传播行为指向的是初始上传行为，无论浅层链接还是深层链接都属于网络空间定位工具，特殊深层链接虽然链向第三方网站服务器上的作品或录音制品等客体，但该行为并未将作品或录音制品等上传至服务器，故仍属于信息网络服务行为，而非信息网络传播行为，因此仅可能构成间接侵权，一般不可能构成直接侵权。

通常情况下，当事人抗辩其仅提供链接的，如果无被链接网站网址及其界面信息等，仅凭水印、文字信息提醒、缓冲界面显示等，无法认定其提供的仅是链接服务。

特殊深层链接行为的救济方式可以有两种：1. 在被链接网站侵犯信息网络传播权的情况下，特殊深层链接行为为被链接网站信息的传播提供了渠道和便利，使得被链接网站的传播行为得以扩大和延伸，从而为被链接网站的行为提供了帮助，此时链接提供者如果具有主观过错，则构成共同侵权行为，承担共同侵权的民事责任。这是特殊深层链接行为侵害信息网络传播权案件中最为常见的救济方式。

2. 在不考虑被链接网站是否侵犯信息网络传播权的情况下，鉴于特殊深层链接行为提供者无须为其视频内容支付带宽及服务器成本，且其服务会占用被链接网站的带宽，以及链接提供者在很多情况下还会在自己的链接页面中提供相应广告服务，并同时屏蔽被链接网站的广告，这些情形都可能对被链接网站经营利益造成损失，同时使链接提供者获得不当利益。因此，特殊深层链接行为很可能属于违反诚实信用原则的行为，对此可以依据《反不正当竞争法》获得救济。

案例四

保护作品完整权的侵权判定标准

——解析《著作权法》第十条第一款第四项保护作品完整权

鲁宁①

案情回顾

(一)一部盗墓小说横空出世

2006年,小张以"天下霸唱"为笔名,在网上发表悬疑盗墓小说《鬼吹灯》,小说中的几位主人公胡八一、王凯旋、Shirley杨等性格鲜明,勇于探险,很快受到广大网友的喜爱,小说人气也不断攀升。小说内容考究,运用了大量的文学史诗、丰富的民间传说,包含了对地理、风水、异域风情的介绍等,引发了"盗墓文学"热。其中,《鬼吹灯》系列之《精绝古城》以一本家传的秘术残卷为引,讲述三位当代摸金校尉,为揭开部族消失的千古之谜,利用风水秘术,解读天下名山大川的脉搏,寻找一处处失落在大地深处的龙楼宝殿。小说除了"引子"部分外,共三十三章,内容分为身世、插队、参军、重逢、考古五个部分。

(二)一部改编电影引来的争议

乐乐公司等制片方经授权获得了小说《精绝古城》的改编权,将其改编为电影《九层妖塔》。借着小说《精绝古城》的东风,再加上知名导演、演员的加入,这部电影一上映就受到广泛关注。电影《九层妖塔》主要改编自小说《精绝古城》的第三部分"参军"中的昆仑山经历、第四部分"重逢"以及第五部分"考古",电影内容可以分为昆仑山科考、图书馆生活和石油

---

① 北京互联网法院综合审判二庭法官。

小镇探险三个部分。

电影《九层妖塔》讲述的是人类与鬼族之间的斗争，女主人公杨萍成了鬼族后裔，而九层妖塔的封印只能由羿王子后裔破解。杨萍的父亲杨加林为了让自己的女儿逃脱自燃的命运，趁着负责在昆仑山挖掘神秘生物骸骨的机会，将羿王子后裔胡八一、鬼族后裔杨萍带到九层妖塔处，意图破除封印、开启妖塔，但被羿王子守陵人孙连长阻止。在逃离过程中，除胡八一外，杨教授父女生死成谜，其他人全部殒命。数年后，杨萍以 Shirley 杨的名义再次出现，控制鬼族攻击人类。胡八一与发小王凯旋、神秘机构 749 一起开始了消灭鬼族的战斗，最后胡八一亲手击毙 Shirley 杨引发九层妖塔的倒塌，取得了最后的胜利。

2015 年 9 月 23 日，电影《九层妖塔》上映后，引来很多负面评论，小说《精绝古城》的书迷也大喊失望，认为电影改编偏离了原著的核心思想和人物性格设定。也有评论认为，电影将科幻、怪兽、奇幻、探险杂糅在一起，很有突破。

（三）小说作者和制片方各执一词、对簿公堂

小说《精绝古城》的作者小张认为，电影《九层妖塔》没有为原告署名，侵犯了原告的署名权；电影《九层妖塔》的内容对小说《精绝古城》歪曲、篡改严重，在人物设置、故事情节等方面均与原著差别巨大，侵犯了原告的保护作品完整权。于是，小张将制片方等诉至法院，要求立即停止所有途径对电影《九层妖塔》的发行、播放和传播，向其公开赔礼道歉、消除影响，并连带赔偿精神损害抚慰金 100 万元。

制片方则认为，电影《九层妖塔》已经对小说《精绝古城》进行了署名，没有侵犯小张的署名权；制片方依法行使了改编权，原著小说没有遭到歪曲、篡改，而且小张的人格尊严、声誉没有因此受到损害，没有侵害小张的保护作品完整权；小张要求的 100 万元精神损害赔偿于法无据，而且数额过高。

一审法院认定，一方面电影《九层妖塔》侵害了小张的署名权，另一方面关于保护作品完整权，其意义在于保护作者的名誉、声望以及维护作品的

完整性，公众对电影《九层妖塔》的批评不是对小说《精绝古城》的批评，更不是对作者的贬损，也就是说小张的声誉没有因电影《九层妖塔》的改编、摄制、上映而受到损害，因此电影制片方的行为并不构成对小张保护作品完整权的侵犯。最后一审判决制片方等向小张刊登致歉声明，消除影响。

对于一审判决结果，小张认为，关于署名权的认定是正确的，但是其依然坚持电影侵害了其保护作品完整权的主张，于是向二审法院提起了上诉。最终，二审法院认定制片方侵害了小张的保护作品完整权，应当立即停止发行、播放和传播涉案电影，向小张公开赔礼道歉，消除影响，并赔偿精神损害抚慰金 5 万元。

本案的争议焦点就在于：涉案电影《九层妖塔》是否侵犯了小张的保护作品完整权。

法理分析

（一）保护作品完整权的一般规定

《保护文学和艺术作品伯尔尼公约》（以下简称《伯尔尼公约》）第六条之二规定："不受作者经济权利的影响，甚至在上述经济权利转让之后，作者仍保有要求其作品作者身份的权利，并有权反对对其作品的任何有损其声誉的歪曲、割裂或其他更改，或其他损害行为。"

各国国内法基于自己的国情对保护作品完整权进行的规定，大体可以分为两种类型；一种是以法国、德国为代表的版权主义国家，使用"精神利益损害"标准，只有当作者举证证明这种改动导致了作品被贬损进而使作者荣誉或名声受到损害，才有可能受到保护作品完整权的保护。另一种是以英国、美国为代表的作者权利主义国家，使用"荣誉或名声损害"标准，保护作品完整权的保护水平相对高一些，一般不需要作者举证证明因为作品的改动而导致作者声誉受损，只需要判断这种改动是否有违作者本意并且歪曲、割裂了作者"烙印"在作品中的精神。无论上述哪种标准，都反对对作品进行歪曲、篡改式的改动，只不过所能允许的改动程度不同。

我国《著作权法》第十条第一款第四项规定，“保护作品完整权，即保护作品不受歪曲、篡改的权利”。因此，保护作品完整权，是指作者所享有的保护作品完整性，禁止他人歪曲、篡改作品的权利。我国《著作权法》沿袭了作者权利主义国家的立法传统，采取的是作者精神权利与财产权利相分割的“二元论”观点。因此，我国《著作权法》对保护作品完整权的表述与《伯尔尼公约》并不相同，并未规定关于“荣誉或名声损害”的要求。

因此，二审法院认为，作者的名誉、声誉是否受损并不是侵害保护作品完整权的要件。首先，我国《著作权法》规定的保护作品完整权并没有“有损作者声誉”的限制。其次，即便因改动而导致作者的声誉有所降低，也不能直接得出侵犯了作者保护作品完整权的结论，仍应审查是否确有歪曲、篡改的情况发生。因此，一审判决关于是否侵害保护作品完整权以“改动”是否损害了原作品作者声誉为构成要件的认定于法无据，应当予以纠正。

（二）改编权与保护作品完整权之间的关系

我国《著作权法》规定，改编权即改变作品，创作出具有独创性的新作品的权利。基于改编权所产生的作品是改编作品。通常认为，改编作品是指基于原作品产生的作品，或者是在原作品的基础上经过创造性劳动而派生的作品。因此，原作品应当构成改编作品的基础或者实质内容。从改编权的权利本质内涵上讲，改编权所控制的是许可他人实施的、在保留原作品基本表达的基础上改变原作品创作出新作品的行为。因此，改编最重要的两个核心要素是保留原作品的基本原创性表达和附加新的原创性表达，最终创作出新作品。

改编权属著作财产权，保护作品完整权属著作人身权，二者保护的是不同利益，故改编权无法涵盖保护作品完整权所保护的利益。侵权作品是否获得了改编权并不影响保护作品完整权对作者人身权的保护。

（三）在获得改编权的前提下，对作品进行改编的界限在哪里？

我国《著作权法实施条例》第十条规定：“著作权人许可他人将其作品

摄制成电影作品和以类似摄制电影的方法创作的作品的，视为已同意对其作品进行必要的改动，但是这种改动不得歪曲篡改原作品。”其中，“必要的改动”应包括两个含义，即改动应当是“必要的改动”和改动应当在“必要的限度”之内。

首先，改动应当是必要的。这种改动必须是因为电影作品改编行为的需要而进行的改动，如果不进行改动，则原作品无法进行拍摄，或者将严重影响电影作品的创作和传播。为了符合电影审查制度而进行改动，一般是改编方最主要的抗辩理由。但是具体哪些改动是必要的，应当由改编方来举证证明，并根据具体案情综合考量。我国的电影审查制度以宪法和法律、法规为依据，以基本的公序良俗、善良道德标准为原则，是为了保障社会主义精神文明建设的健康发展。如果在电影作品中出现违反上述规定的相关内容，电影将可能不被允许发行传播。如果原作品中存在违反上述规定的相关内容，则在改编为电影作品时，应当进行改动。此种改动就属于必要的改动。

其次，改动应当在必要的限度之内。在判断过程中可以把原作品区分出核心表达要素和一般表达要素。通常来说，电影作品的拍摄会按照文学剧本以及相应分镜头剧本的安排，电影作品内容可以直接反映出剧本的内容进而应当与原作品构成实质性相似。如果剧本中对原作品的主要人物设定、故事背景、主要情节等核心表达要素进行了根本性的改动，则有可能导致改编作品与原作品设计的人物性格、关系迥然不同，与原作品描述的主要故事情节差距很大，甚至改变了作者在原作品中所要表达的思想情感、观点情绪，那么这种改动就超出了必要的限度。如果剧本中对人物对白或场景描写等一般表达要素进行了改动，并且这种改动并不会导致原作品的核心表达要素发生变化，则可以视为这种改动在必要的限度之内。

值得注意的是，即使满足了上述两个条件，也同时要求“这种改动不得歪曲篡改原作品”。也就是说，如果改动的结果仍然导致作者在原作品中要表达的思想情感被曲解，那么这种“必要的改动”仍然有可能歪曲、篡改原作品，进而侵犯原作者的人身权利。

（四）电影《九层妖塔》是否对小说《精绝古城》构成歪曲、篡改？

电影《九层妖塔》获得了对小说《精绝古城》的改编权，电影中的部分内容来源于小说中的部分内容。但是，著作人身权始终是与著作财产权相分离的，著作财产权受让人并不能因为财产权的受让而相应获得著作人身权或限制了著作人身权。这种不得侵犯人身权的义务是受让人必须遵守的，其中并不存在作者的所谓协助义务。当然，作者是否放弃其权利、不再追究责任则是另一个问题。

要判断电影作品的改动是否歪曲、篡改了原作品，需要考虑以下三个方面：

一是审查电影与原作品创作意图、题材是否一致。电影《九层妖塔》属于科幻影片类型，而小说《精绝古城》显然不属于科幻题材，故二者的题材并不相同。制片方认为电影《九层妖塔》保留了小说《精绝古城》三个核心主题关键词，但是这种总结过于笼统，其他影片例如《神话》也可以适用这些关键词，不能以此来判断电影《九层妖塔》与小说《精绝古城》是否具有一致性。

二是审查电影对原作品的主要情节、背景设定和人物关系的改动是否属于必要。首先，由于涉案小说内容比较繁杂，基于电影的时长和成本限制等考虑，制片方仅选择其中一部分进行改编拍摄是合理的，属于艺术创作选择的范畴，对于未予改编的部分并不构成歪曲、篡改。其次，电影《九层妖塔》进行改动的部分，有的属于对小说《精绝古城》一般表达要素的改动，这在必要的限度范围内，没有达到歪曲、篡改的程度；有的属于对小说《精绝古城》主要人物设定、背景设定等核心表达要素的改动。

即便把盗墓及风水等相关因素以审查为由予以改动，也应当尽可能地采取不远离原著的方式，而不是任意改动。电影《九层妖塔》中把外星文明直接作为整体背景设定，并将男女主人公都设定为拥有一定特异功能的外星人后裔，严重违背了作者在原作品中的基础设定，实质上改变了作者在小说《精绝古城》中的思想观点，足以构成歪曲、篡改。此外，电影《九层妖塔》

增加的神秘机构749、王馆长、沙漠打怪兽等内容，其体量也远远大于小说《精绝古城》被改编的部分，且内容与被改编的部分基本无关联。

三是结合社会公众对作品改动的整体评价进行综合考量。电影《九层妖塔》观众会产生对小说《精绝古城》的误解，即认为小说《精绝古城》存在地球人反抗外星文明、主人公具有超能力等内容。社会公众对于电影的评论虽然没有针对小说，但已经足以证明小说作者的声誉因为电影的改编而遭到贬损。

因此，二审法院认为，电影改编者应当正确认识我国电影审查制度的要求，根据原著的内容和精神进行适当的改编，而不是以电影审查为由对原著进行随意改动。电影《九层妖塔》中改动的部分偏离小说《精绝古城》太远，且对作者在其中表达的观点和情感作了本质上的改变，构成对原作品的歪曲、篡改。

知识拓展

实践中，人们常常将改编权与保护作品完整权混淆，对此二审法院在判决中已经作了区分。在此再强调一下，即使改编者获得了原作者的同意和授权，可以对作品进行改编，这也不意味着改编者的一切改编行为都是合法的。改编者的行为依然要有一定限度。如果改编作品歪曲、篡改了原作品，使公众对原作品要表达的思想、感情产生误读，进而对原作品作者产生误解，这将导致对作者精神权利的侵犯。

上海知识产权法院在（2017）沪73民终232号判决中指出："对作品的改动是否经过作者同意与该行为是否侵犯保护作品完整权没有必然联系。侵犯保护作品完整权的关键在于对作品的歪曲和篡改，未经同意的修改若没有造成作品的歪曲和篡改则不会侵犯保护作品完整权。"

具体到小说改编成电影的问题，我们应该认识到，电影作品的改编摄制是从一种形式的作品（文字、漫画）演绎到另一种形式的作品（影视），其中所使用的艺术创作手段大相径庭，同时受电影时长、市场需求、资金多少、主创人员能力等诸多限制。因此文字能描述出来的内容，未必可以用摄像机拍摄出来，特别是在电脑特技尚不发达的电影产业发展初期。此时，法律应允许电影作者在改编电影的过程中，对原作品进行必要的改动。在这个过程中，需要平衡考量原作者与电影作者甚至公众的综合利益，既要防止原作者过分敏感从而阻碍电影作者在合理创作范围内的改编拍摄行为，又要防止电影作者在新的演绎中歪曲、篡改原作者在原作品中受保护的精神利益，同时还要兼顾社会公共利益，包括电影审查、公共政策和广大观众的接受程度等。

普法提示

随着“IP”概念[①]的爆红，类似《九层妖塔》案，经授权改编的作品与原著大相径庭、得到负面评价的情形越来越多。其实，改编和原著是“一荣俱荣、一损俱损”的，“底子”欠佳的原著要想改编成优秀的影视作品，难度不小；改编的影视作品如果“品相”不好，也容易招致公众的反感，使公众对原著产生抵触情绪或者误解。在改编的过程中，既要保护作品本身蕴含的精神价值和核心思想，又要允许改编者在必要限度内运用自己的表达方式，为作品注入新鲜血液和想象力。我国《著作权法》恰恰以保护作品完整权对作品思想提供了一定保护。

在司法实践中，援引保护作品完整权进行维权诉讼的案例并不多，使得这个权项“深在闺中人不知”，甚至有点儿鸡肋。然而，本案的二审判决采用了有利于保护著作权人的标准，明确了作者的名誉、声誉是否受损并不是侵害保护作品完整权的要件，侵权作品是否获得改编权也不影响保护作品完整权对作者人身权的保护。这样的认定，不仅明确了裁判标准和尺度，为今后的类案审理提供了优秀范例，有利于保护处于弱势地位的作者，激发其创作热情，也为影视改编行业提供了良好的指引，为任意修改乱象敲响了警钟，有助于推动全社会尊重和保护原创。

---

① “IP”是知识产权 (Intellectual Property) 的缩写，是指人们就其智力劳动成果所依法享有的专有权利，通常是国家赋予创造者对其智力成果在一定时期内享有的专有权或独占权。我国目前爆红的“IP”概念集中于文学领域，衍生到电影、漫画、游戏等产业。

案例五

“图解电影”是否构成著作权的合理使用？

颜君① 焦子越②

案情回顾

《十里桃花》是一部汇聚众多当红明星的电视剧，拥有精美的视觉效果、引人入胜的情节、精良的制作。优优网认为《十里桃花》有极大的市场潜力，因此投入巨额成本取得了这部电视剧的独家信息网络传播权。2017 年 1 月 30 日，电视剧《十里桃花》在网络上播出，上线仅 2 小时播放量便达到 6 亿，一个月的全网总播放量超过 300 亿。

“图解电影”平台是由图图公司开发运营的一个在线图文电影解说软件，主打“十分钟品味一部好电影”。《十里桃花》电视剧上线后不久，就有一位名叫“清清”的“图解电影”用户将《十里桃花》第一集的 382 张截图上传到了“图解电影”平台，在这里，用户可以选择每张 5 秒、每张 8 秒等速度进行自动播放，也可以通过自行点击下一张的方式手动播放。图集中包含了这部电影的主要画面和全部情节。也就是说，观众如果不想看完整一集的电视剧，只需要把每一集的图集看完，就能大概了解这一集的剧情。

优优网发现“图解电影”平台在剧集栏目中提供《十里桃花》连续图集之后，觉得很委屈：“我们优优网花大价钱买来了电视剧，结果网友们都跑去看你们图图公司的图集了，谁还来看我们优优网的电视剧呢！”于是，优优网向法院起诉，认为运营“图解电影”平台的图图公司构成侵权。

图图公司辩解道，图图公司的“图解电影”平台只是一个用户自行上传信息的分享平台，是信息存储空间，平台有声明要求上传的内容必须合法合

① 北京互联网法院一级法官。

② 中国政法大学法律硕士研究生在读。

规，尽到了平台注意义务。且“图解电影”并不是连续使用图片，不会对视频造成直接的侵权，“图解电影”是图片和文字结合的再创作，核心在文字本身，文字是作者根据视频进行诠释的再创作，而不是视频所表达的本身，观众仅观看去掉文字连续播放的图片就没有意义了。最重要的是，作者看完电影或者电视剧之后进行文字分享，需要有图片配合其文字做对应的陈述，且如果图片连续播放，300 多张图片仅能播放几秒钟，对整个视频来说，属于一种合理引用行为，并且《十里桃花》总剧集是 58 集，图集的作者仅将电视剧的第一集换成了此形式，可以说是一个预告片，起到了宣传的作用。

优优网和图图公司各执一词，争执不休。法院认为，案件争议焦点有三：一是优优网是否享有《十里桃花》的信息网络传播权；二是图图公司实施的行为是否构成对优优网信息网络传播权的侵犯；三是图图公司如果构成侵权，是否应承担优优网主张的民事责任。

法院经过调查审理发现，优优网确实享有《十里桃花》的信息网络传播权，图图公司对此不持异议。针对焦点二，法院认为图图公司运营的“图解电影”平台提供电视剧图集的行为落入《十里桃花》信息网络传播权的控制范围。对于图图公司构成合理使用的抗辩，法院也没有采纳。最终，法院判决图图公司向优优网赔偿经济损失 3 万元。

那么为什么“图解电影”中发布图片集的行为不构成合理使用呢？

法理分析

（一）何为“合理使用”？

我国《著作权法》（2010 修正）[①] 第二十二条规定：“在下列情况下使用

① 《著作权法》（2020 修正）第二十四条规定：“在下列情况下使用作品，可以不经著作权人许可，不向其支付报酬，但应当指明作者姓名或者名称、作品名称，并且不得影响该作品的正常使用，也不得不合理地损害著作权人的合法权益：（一）为个人学习、研究或者欣赏，使用他人已经发表的作品；（二）为介绍、评论某一作品或者说明某一问题，（下转）

作品，可以不经著作权人许可，不向其支付报酬，但应当指明作者姓名、作品名称，并且不得侵犯著作权人依照本法享有的其他权利：（一）为个人学习、研究或者欣赏，使用他人已经发表的作品；（二）为介绍、评论某一作品或者说明某一问题，在作品中适当引用他人已经发表的作品；（三）为报道时事新闻，在报纸、期刊、广播电台、电视台等媒体中不可避免地再现或者引用已经发表的作品；（四）报纸、期刊、广播电台、电视台等媒体刊登或者播放其他报纸、期刊、广播电台、电视台等媒体已经发表的关于政治、经济、宗教问题的时事性文章，但作者声明不许刊登、播放的除外；（五）报纸、期刊、广播电台、电视台等媒体刊登或者播放在公众集会上发表的讲话，但作者声明不许刊登、播放的除外；（六）为学校课堂教学或者科学研究，翻译或者少量复制已经发表的作品，供教学或者科研人员使用，但不得出版发行；（七）国家机关为执行公务在合理范围内使用已经发表的作品；（八）图书馆、档案馆、纪念馆、博物馆、美术馆等为陈列或者保存版本的需要，复制本馆收藏的作品；（九）免费表演已经发表的作品，该表演未向公众收取费用，也未向表演者支付报酬；（十）对设置或者陈列在室外公共场所的艺术作品进行临摹、绘画、摄影、录像；（十一）将中国公民、

（上接）在作品中适当引用他人已经发表的作品；（三）为报道新闻，在报纸、期刊、广播电台、电视台等媒体中不可避免地再现或者引用已经发表的作品；（四）报纸、期刊、广播电台、电视台等媒体刊登或者播放其他报纸、期刊、广播电台、电视台等媒体已经发表的关于政治、经济、宗教问题的时事性文章，但著作权人声明不许刊登、播放的除外；（五）报纸、期刊、广播电台、电视台等媒体刊登或者播放在公众集会上发表的讲话，但作者声明不许刊登、播放的除外；（六）为学校课堂教学或者科学研究，翻译、改编、汇编、播放或者少量复制已经发表的作品，供教学或者科研人员使用，但不得出版发行；（七）国家机关为执行公务在合理范围内使用已经发表的作品；（八）图书馆、档案馆、纪念馆、博物馆、美术馆、文化馆等为陈列或者保存版本的需要，复制本馆收藏的作品；（九）免费表演已经发表的作品，该表演未向公众收取费用，也未向表演者支付报酬，且不以营利为目的；（十）对设置或者陈列在公共场所的艺术作品进行临摹、绘画、摄影、录像；（十一）将中国公民、法人或者非法人组织已经发表的以国家通用语言文字创作的作品翻译成少数民族语言文字作品在国内出版发行；（十二）以阅读障碍者能够感知的无障碍方式向其提供已经发表的作品；（十三）法律、行政法规规定的其他情形。前款规定适用于对与著作权有关的权利的限制。”

法人或者其他组织已经发表的以汉语言文字创作的作品翻译成少数民族语言文字作品在国内出版发行；（十二）将已经发表的作品改成盲文出版。前款规定适用于对出版者、表演者、录音录像制作者、广播电台、电视台的权利的限制。”《著作权法实施条例》第二十一条规定：“依照著作权法有关规定，使用可以不经著作权人许可的已经发表的作品的，不得影响该作品的正常使用，也不得不合理地损害著作权人的合法利益。”上述条款规定了合理使用的构成要件。

本案中，图图公司主张其运营的“图解电影”平台发布图片集的行为属于《著作权法》（2010 修正）第二十二条第一款第二项规定的合理使用的范畴，但是为什么没有得到法院的支持呢？

（二）本案中发布图片集的行为为何不构成合理使用？

本案中，法院对以下三个问题进行了阐述。

第一，是否属于适当引用的问题。影评类作品往往不可避免地需要介绍影视剧作品本身，并再现影视剧作品部分画面，以进行有针对性的评述。但本案中，涉案图片集几乎全部为原有剧集已有的表达，或者说，虽改变了表现形式，但具体表达内容并未发生实质性变化，远远超出以评论为目的适当引用的必要限度。

虽然被告图图公司抗辩称，按照一般类电作品每秒 24 帧计算，涉案图片集仅“引用”了原作品 0.5% 的画面内容。但合理引用的判断标准并非取决于引用比例，而应取决于介绍、评论或者说明的合理需要。根据查明的事实，提供涉案图片集的目的并非介绍或评论，而是在当今“快餐文化”的背景下，通过 300 多张图片的连续放映，迎合用户在短时间内获悉剧情、主要画面内容的需求。上述使用目的并非评论性引用，故法院对被告图图公司该项抗辩意见不予采纳。

第二，是否影响该作品的正常使用。本案中，涉案图片集分散地从整部作品中采集图片，加之文字解说对动态剧情的描述，能够实质呈现整部剧集的具体表达，包括具体情节、主要画面、主要台词等，公众可通过浏览上述图片集快捷地获悉涉案剧集的关键画面、主要情节，提供图片集的行为对涉案剧集起到了实质性替代作用，影响了作品的正常使用。

第三，是否不合理地损害著作权人合法权益。由于涉案图片集替代效应的发生，本应由权利人享有的相应市场份额将被对图片集的访问行为所占据，提供图片集的行为将对原作品市场价值造成实质性影响。虽被告图图公司认为涉案图片集部分提供的行为对原作品具有“宣传效果”，但从市场角度，以宣传为目的与以替代为目的的提供行为存在显著区别。就涉案图片集提供的主要功能来看，其并非向公众提供保留剧情悬念的推介、宣传信息，而是涵盖了涉案剧集的主要剧情和关键画面，在一般情况下，难以起到激发观众进一步观影兴趣的作用，不具备符合权利人利益需求的宣传效果，损害了权利人的合法权益。

因此，被告图图公司提供涉案图片集的行为已超过适当引用的必要限度，影响涉案剧集的正常使用，损害权利人的合法权益，不属于合理使用。

知识拓展

近年来，涉及电影及类电作品合理使用认定的案例逐渐增多，在司法实务中，法院多从使用目的、使用手段和使用效果三个维度评价是否属于合理使用。

（一）关于使用目的

首先，法院在一般情况下会考查使用目的是否限于《著作权法》（2010修正）第二十二条所列举的使用范围，认为仅在上述列举范围内才能构成合理使用。也有个别的案例中，法院认为，由于互联网新兴技术的发展，《著作权法》（2010 修正）列举的情形无法完全解决现实需求，故认可超出上述规定目的的合理使用，仅使用《著作权法实施条例》第二十一条的规定对使用行为进行衡量。[①]

① 东阳市 ×× 影视文化有限公司与北京 ×× 科技有限公司著作权侵权纠纷，北京市朝阳区人民法院（2017）京 0105 民初 10028 号民事判决书。

在部分案例中，提到了使用目的属于公益性还是营利性使用的区分。在“留守儿童”案中，被告在视频节目制作中使用了原告摄影作品，被告以使用目的为公益作为抗辩意见，但公益性还是营利性使用未在此案中被法院所考虑，也即，法院认为以公益或营利为目的的区分并非构成合理使用的衡量因素。[①]但在以营利为目的的使用中，法院更倾向于将使用行为认定为侵权。例如，在“三菱汽车使用葫芦娃形象”案中，法院认为被告的目的系吸引客户购买其销售的七座SUV，并非介绍、评论或说明，并最终认定侵权；[②]在“天线高清网站”被诉侵权一案中，虽然被告仅使用了原告电视连续剧每集约2分钟的片花，但由于法院认为其加载了使用人的标识和广告，被认定侵权。[③]

就具体的使用目的而言，有的是直接介绍评论原作品，如“产科医生”案中，在“豆瓣电影”网站中使用电影作品的部分截图；有的是用于说明其他问题，如“我是歌手”案中，在公众号介绍乐器的文章中使用带有相应乐器演奏的节目视频片段。上述两案中，法院均认为使用使读者对阐释的问题产生了更直观的感受，更容易理解说明的问题，因而未被认定为侵权。[④]后一种使用方式，被认为有一定程度的转换型使用，因此，更大可能被视为合理使用。

当然，目的和手段往往也有相互印证的关系。法院在判断使用属于法律列举的范围后，会进一步通过使用方式、手段、效果等判断引用是否适当。在“图解电影”案中，法院结合使用方式，认为使用目的并非评论介绍，而是为了快餐式地提供原作品。

---

① ××国际网络有限公司与××省广播电视集团有限公司著作权侵权纠纷，北京知识产权法院（2017）京73民终1068号民事判决书。

② 上海××电影制片厂有限公司与云南××实业有限公司著作权侵权纠纷，云南省昆明市中级人民法院（2018）云01民初1092号民事判决书。

③ ××控股有限公司与北京××传媒科技有限公司著作权侵权纠纷，北京市朝阳区人民法院（2011）朝民初字第13022号民事判决书。

④ 湖南××互动娱乐传媒有限公司与北京××文化传播有限公司侵害作品信息网络传播权纠纷，北京市朝阳区人民法院（2018）京0105民初10380号民事判决书。

（二）关于使用手段

就使用手段，最经常用到的衡量方式是引用比例。一方面，需考虑使用部分数量占原作品的比例，如“产科医生”案、“我是歌手”案中，均考虑到了使用的部分仅占原作品较小比例。另一方面，还要考虑使用部分数量占二次创作作品的比例。“我是歌手”案中即认为，二次创作作品中除了引用视频，还有大量介绍说明文字，并未主要以他人作品替代自己作品，故认为属于适当引用；而在“三菱汽车使用葫芦娃形象”案中，虽使用了24张图，从绝对数量上并不比“产科医生”多，但法院认为其使用部分占被告文章中极大版面，故认为不属于适当引用。

在某些案件中，法院还考虑到引用作品时，引用部分与二度创作作品的融合度，是否类似于“致敬”似的使用方式，因此结合而产生了特殊的映照式的美感。例如，在“陆垚知马俐”案中，影片在拍摄时使用了葫芦娃的角色形象，法院认为该引用虽然并非介绍评论作品的必需，但是“葫芦娃”作为20世纪80年代经典动画片的代表，具有典型的年代特征，对80后人群有特殊的回忆意义，该使用方式能够更好地体现男主角的年龄特征，因此该引用具备了新的价值和意义，最终并未认定侵权。

而在“常州女性文章”案中，涉案公号文章中同样借用了葫芦娃的人物设定，用于描写常州女性的特征。但法院认为，涉案文章的描述没有附载相关案例说明及统计数据支撑，不符合女性的固有品质，亦无法体现当地的地域特性，系对“葫芦娃”形象的穿凿附会，最终认定其侵权。[①]

但值得注意的是，引用比例并非绝对的衡量因素，起决定因素的还是其使用作品的必要性程度。在“图解电影”案中，虽绝对引用原作品比例仅占到0.5%，但该部分占据图片集的绝大部分内容，法院结合其使用目的和方式，认为图图公司提供作品的目的并非评价介绍，而是替代原作品，故该使用方式超出了必要性限度，被认定为侵权。而在“我是歌手”案中，从引用的绝

① 上海××电影制片厂有限公司与常州××网络科技有限公司著作权侵权纠纷，常州市钟楼区人民法院（2017）苏0404民初4790号民事判决书。

对数看来，其使用了时长为 108 分钟的视频中的 5 分钟，占到了 4%，但法院认为该引用系说明问题所必要，故并未认定侵权。

（三）关于使用效果

就使用效果而言，包括是否影响作品的正常使用和是否损害著作权人的合法利益。首先，实践中，时常以是否产生替代效果作为是否影响作品使用的重要衡量标准，法院在多个案例中考虑了该因素。例如，在“产科医生”案中，法院认为被告的使用方式无法通过截图的前后连续组合表达出完整的故事情节；“我是歌手”案中法院也认为，公众难以通过观看该部分视频获悉全部内容，未起到实质性替代的作用。最终上述两案均被认定为合理使用。相反，在“福州广播电视集团”案中，法院认为播放电影时虽加入了主持人点评，但播放比例过大，基本反映了故事梗概，故认定其侵权。[①]

其次，对于是否损害著作权人利益，法院时常考虑使用是否会带来符合权利人期待的利益，例如，对作品起到宣传效果。在“产科医生”案中，法院认为被告的使用方式有助于更加形象直观地抒发和交流对影视作品的预期与观感，有利于扩大涉案影视作品的宣传影响，最终认定其构成合理使用。

部分法院以是否指明作者姓名和作品名称作为衡量是否损害著作权人利益的标准，认为即便符合使用比例较少等合理使用的其他情节，未指明来源亦不构成合理使用。[②] 有的法院以是否存在竞争关系为判断标准，例如“我是歌手”案中，法院认为微信公众号文章截取部分视频说明乐器的使用方式，与权利人获取经济价值的行为不相竞争。使用方式是否影响受众对原作品的好评度亦在某些案件中被视为是否损害著作权人利益的考虑因素，例如，在“陆垚知马俐”案中，法院认为后一部电影未造成作品来源的混淆，观众对后一部电影情节的评价不会影响对“葫芦娃”的评价，故不构成侵权。

---

① 中国 ×× 集团公司电影营销策划分公司与 ×× 广播电视集团侵害作品放映权纠纷，福建省高级人民法院（2013）闽民终字第 66 号民事判决书。

② 上海 ×× 电影制片厂与广州 ×× 计算机系统有限公司著作权侵权纠纷，广州市天河区人民法院（2014）穗天法知民初字第 1114 号民事判决书。

综上，“图解电影”案也使用了常用的替代效果和宣传效果的方式衡量以上因素，认为被告图图公司使用的截图包括具体情节、主要画面、主要台词等，能够实质呈现整部剧集的具体表达，起到了实质性替代作用；被告图图公司的使用方式并未向公众提供保留剧情悬念的推介、宣传信息，而是涵盖了涉案剧集的主要剧情和关键画面，难以起到激发观众进一步观影兴趣的作用，不具备符合权利人利益需求的宣传效果。而替代与宣传的关键区别是，关键画面的剧透抑或是留有悬念。[①]

普法提示

关于是否构成著作权合理使用的讨论，更多地集中在司法实务界，是不是就意味着与我们普通受众无关呢？并不是。作为普通受众民众，我们在观看电视剧等影视作品时，需要注意以下两点：

第一，尽量不要录屏发布或截图发布到其他平台，以免构成侵权；

第二，尽量通过获得授权的平台观看剧集，受众数量减少，侵权平台的存活就会变得艰难，对于打击侵权行为也是一种帮助。

① 本部分内容引自作者颜君的另一篇文章《从“图解电影”案看我国法院合理使用认定的裁判思路》。

案例六

著作权侵权的民事责任承担

——以损害赔偿责任为切入点

楼三丹[①]

案情回顾

这是一起因擅自使用《小猪佩奇》动画片与动画片中的“小猪佩奇”形象引起的著作权侵权纠纷[②]。

2018年4月25日至5月4日，第十五届北京国际汽车展览会在京召开。途歌公司作为共享汽车运营商参加了此次展会。参展过程中，途歌公司在其参展的共享汽车上张贴了当时正处于热播期的《小猪佩奇》动画片中的“小猪佩奇”形象，并以“途歌佩奇车上纹，掌声送给社会人”为主题进行了宣传。为扩大宣传效果，途歌公司还通过微博、微信公众号对前述参展情况进行了宣传报道，报道中使用了张贴有“小猪佩奇”形象的共享汽车图片及《小猪佩奇》动画片中的部分画面。

娱乐壹公司和艾贝戴公司是两家英国公司，在得知途歌公司的前述行为后，这两家公司一纸诉状将途歌公司告上了法庭。

娱乐壹公司和艾贝戴公司共同向法院起诉称：原告对《小猪佩奇》动画片与动画片中的“小猪佩奇”形象享有著作权。被告途歌公司未经原告许可，将“小猪佩奇”形象张贴在其运营的共享汽车上，并通过微博、微信公众号同步宣传，在宣传中使用含有“小猪佩奇”形象的共享汽车图片和《小猪佩奇》动画片画面，前述行为已经侵犯了原告对“小猪佩奇”形象享有的复制权，以及对《小猪佩奇》动画片与“小猪佩奇”形象享有的信息网络传播权，

① 北京互联网法院立案庭法官。

② 北京互联网法院（2018）京0491民初1045号判决书。

故请求法院判令被告途歌公司立即停止侵害，并赔偿原告经济损失497346元及维权支出的检索报告费用2654元。

被告途歌公司向法院答辩称：其已经停止使用《小猪佩奇》动画片与“小猪佩奇”形象，且并未因此获利，故不应承担过重的赔偿责任。

案件审理过程中，原告向法院明确主张以其实际损失计算赔偿数额，并认为赔偿数额的确定应当综合考虑被告侵权方式、《小猪佩奇》动画片与“小猪佩奇”形象的知名度，以及原告许可他人在中国境内非独占使用《小猪佩奇》动画片的版权许可费等因素。

法院经审理认为，被告擅自使用《小猪佩奇》动画片与“小猪佩奇”形象，侵犯了原告对前述作品享有的复制权和信息网络传播权。原告因被告侵权行为所遭受的损失实质就是版权许可费的损失，故可通过在原被告之间虚拟交易的方式计算出许可费，并在此基础上确定赔偿数额。遵循前述裁判思路，法院除判令被告停止侵害外，另判令被告赔偿原告经济损失497346元及合理开支2654元。判决作出后，原、被告均未上诉，一审判决生效。

前述案例中，如何确定赔偿数额是案件审理的重点与难点。从该案结果看，在法院全额支持原告主张的赔偿数额的情况下，被告并未提起上诉，由此可见，被告在某种程度上认可了法院的判赔数额。那么，该案对于赔偿数额的裁判逻辑是什么？下文试作简要分析。

法理分析

损害赔偿责任在权利救济上具有填补损失、警示与预防、遏制与教育的作用，是著作权侵权纠纷中最基本的救济手段。如何正确认定损害赔偿责任以及确定损害赔偿数额，对于保护著作权人利益、制裁侵权行为具有十分重要的意义。下面，本文将结合前述案例，具体分析著作权侵权纠纷中损害赔偿责任确定的相关问题。

（一）赔偿责任归责原则

归责原则是法律评价行为人承担民事责任的根据和标准。要确定行为人是否应当承担损害赔偿责任，即该不该赔偿，首先要明确赔偿责任的归责原则。传统民法中，行为人承担损害赔偿责任的前提是其对损害行为有过错。著作权属于民事权利，在法律没有明确规定的情况下，其侵权赔偿亦应以过错为前提，即有过错则应承担赔偿责任，无过错则无须承担赔偿责任。

何为过错，过错本质上既有主观性，又有客观性，是主客观相结合的概念。过错是一种心理状态，故主观属性显而易见，但其作为客观存在，必然会通过外在因素反映出来，可被认知、可被识别。因此，司法实践中通常结合具体侵权情节、损害后果等客观因素对行为人是否具有主观过错作出认定。

著作权侵权纠纷中，认定行为人是否具有过错时，通常采用依证据推定的方法，即在权利人已经提交证据证明行为人实施了相关侵权行为的情况下，除非行为人有证据证明其尽到合理注意义务，没有过错，否则应当推定行为人具有过错。

前述“小猪佩奇”案中，原告提交的证据能够证明被告在商业活动中擅自使用了《小猪佩奇》动画片与“小猪佩奇”形象，在被告未能证明其使用前述作品具有合理理由的情况下，应当认定被告具有过错，应当承担损害赔偿责任。

（二）赔偿数额的确定原则

赔偿数额是赔偿责任的量化表现。民法领域中，全面赔偿原则是最基本的赔偿原则，亦称“填平原则”，即侵权人应对权利人因侵权所遭受的损失全部赔偿。从理想状态讲，赔偿数额应当不多于也不少于权利人的损失。著作权是一种民事权利，侵犯著作权的赔偿责任也应遵循全面赔偿原则。对著作权人的损失予以全部赔偿，有助于促进著作权人持续创作的热情，同时也有利于制止侵权行为的发生。

前述“小猪佩奇”案中，法院在确定赔偿数额时即贯彻了全面赔偿原则。

法院在该案判决中认为，“被告并未就许可及许可费问题与原告进行磋商，因此侵权案件的损害赔偿数额不应低于正常的许可费，否则作品使用人将没有事先获得许可的动力，无法起到预防和警示侵权的作用”。

（三）赔偿数额的确定方法及适用顺序

我国《著作权法》（2010修正）① 第四十九条规定了赔偿数额确定的方法及顺序。该条第一款规定：“侵犯著作权或者与著作权有关的权利的，侵权人应当按照权利人的实际损失给予赔偿；实际损失难以计算的，可以按照侵权人的违法所得给予赔偿。赔偿数额还应当包括权利人为制止侵权行为所支付的合理开支。”该条第二款规定：“权利人的实际损失或者侵权人的违法所得不能确定的，由人民法院根据侵权行为的情节，判决给予五十万元以下的赔偿。”

由前述规定可知，著作权侵权赔偿数额应按照权利人的实际损失、侵权人的违法所得、法定赔偿的顺序来确定。之所以首先考虑权利人的实际损失，如前所述，是因为权利人的实际损失最直接地体现了全面赔偿原则。

前述“小猪佩奇”案中，原告在审理过程中明确表示按照其实际损失主张赔偿数额，法院亦尊重其选择，以权利人实际损失确定了该案的赔偿数额。

诚然，实践中亦存在这样一种情形，侵权人的违法所得高于权利人的实际损失，那么是让权利人“超额补偿”，还是侵权人有利可图？司法实践普遍认为，对侵权者施加民事责任的基本目标之一是防止侵权者继续从事侵权行为，在此意义上，只要侵权人的违法所得没有超出权利人诉讼请求的范围，

---

① 《著作权法》（2020修正）第五十四条第一款、第二款和第三款规定：“侵犯著作权或者与著作权有关的权利的，侵权人应当按照权利人因此受到的实际损失或者侵权人的违法所得给予赔偿；权利人的实际损失或者侵权人的违法所得难以计算的，可以参照该权利使用费给予赔偿。对故意侵犯著作权或者与著作权有关的权利，情节严重的，可以在按照上述方法确定数额的一倍以上五倍以下给予赔偿。权利人的实际损失、侵权人的违法所得、权利使用费难以计算的，由人民法院根据侵权行为的情节，判决给予五百元以上五百万元以下的赔偿。赔偿数额还应当包括权利人为制止侵权行为所支付的合理开支。”

则以侵权人违法所得作为确定赔偿数额更有利于遏制侵权行为，更好地发挥损害赔偿责任的作用。

法定赔偿是在权利人的实际损失、侵权人的违法所得均无法查清时，便于权利人求偿的一种救济途径。法定赔偿客观上减轻了权利人对于赔偿数额的举证责任，但广泛适用法定赔偿容易导致权利人怠于对所主张的赔偿数额进行举证的局面。实践中，倘若权利人的实际损失或者侵权人的违法所得可以基本查清，抑或根据案件具体情况能够对赔偿数额予以确定，为使判赔数额尽可能客观化、更令人信服，法院通常会慎重适用法定赔偿。

（四）确定赔偿数额的考量因素

首先，关于权利人的实际损失如何计算的问题。《最高人民法院关于审理著作权民事纠纷案件适用法律若干问题的解释》第二十四条规定："权利人的实际损失，可以根据权利人因侵权所造成复制品发行减少量或者侵权复制品销售量与权利人发行该复制品单位利润乘积计算。"这是按照权利人的销售损失计算赔偿数额。

《北京市高级人民法院侵害著作权案件审理指南》（以下简称《北京高院著作权审理指南》）对于如何计算"权利人的实际损失"提出了更加具体、更具可操作性的意见，具体包括：（1）侵权行为使权利人实际减少的正常情况下可以获得的利润，但权利人能够举证证明其获得更高利润的除外；（2）侵权行为直接导致权利人的许可使用合同不能履行或者难以正常履行，从而产生的预期利润损失；（3）参照国家有关稿酬规定计算实际损失；（4）合理的许可使用费；（5）权利人因侵权行为导致复制品销售减少的数量乘以单位利润之积；（6）侵权复制品销售数量乘以权利人销售复制品单位利润之积；（7）其他方法。[①]

前述"小猪佩奇"案中，法院即依据"合理的许可使用费"计算了原告的实际损失。法院在该判决中认为，"被告未经许可，在其共享汽车服务及

① 参见《北京市高级人民法院侵害著作权案件审理指南》第8.5条。

网络商业宣传中使用原告作品的行为使原告的市场交易机会丧失，给原告造成了许可费的损失，该损害已经实际发生。原告提交了版权许可协议，部分协议有付款凭证、收款通知佐证，并与媒体的公开广泛报道相互印证，具有符合常识的初步证明力。上述版权许可协议中许可的是《小猪佩奇》动画片，有许可范围、使用方式、期限、金额等明确条款，上述协议可以作为本案中计算原告许可费损失的参考。在上述基础上，本案可通过在原被告双方间虚拟交易而计算出正常的许可费”。

其次，关于侵权人的违法所得如何计算的问题。我国《著作权法》及司法解释并未对违法所得如何计算作出具体规定，通常认为可依据侵权人因侵权行为获得的利润计算“侵权人的违法所得”。实践中，侵权人主动提交其获利证据的情形很少，但倘若权利人已就侵权人的违法所得提供了初步证据，侵权人为避免承担赔偿责任拒不提供反映其财务状况的相关资料或者提供虚假资料，则可适用举证妨碍制度，根据权利人的主张和提供的证据认定侵权所得的数额。[①]

最后，关于法定赔偿数额如何计算的问题。法定赔偿是在权利人的实际损失、侵权人的违法所得均难以查明时，由法院根据案件的具体情况在法定幅度内确定具体赔偿数额的制度。因此，法定赔偿数额的确定一定程度上依赖于法官的自由裁量权。为防止法定赔偿成为随意性赔偿，司法实践中很多法院结合当地经济发展状况，根据不同作品类型确定了相应的赔偿基准。[②]当然，赔偿基准并不等同于赔偿数额，法官仍需结合具体案件情况，进一步考量作品的知名度、侵害期间、侵害方式、侵害规模等因素，在赔偿基准的基础上酌情增减并确定赔偿数额。

---

① 参见《北京市高级人民法院侵害著作权案件审理指南》第 8.6 条。

② 参见《湖南省高级人民法院关于审理涉及网络的著作权侵权案件若干问题的指导意见》第 25 条，该条针对文字作品、音乐作品、美术作品、摄影作品和影视作品规定了不同的赔偿标准。

（五）合理开支

我国《著作权法》（2010 修正）第四十九条第一款（现第五十四条第三款）规定，赔偿数额还应当包括权利人为制止侵权行为所支付的合理开支。《最高人民法院关于审理著作权民事纠纷案件适用法律若干问题的解释》第二十六条规定，“合理开支”包括权利人或者委托代理人对侵权行为进行调查、取证的合理费用。同时，法院根据当事人的诉讼请求和具体案情，可以将符合国家有关部门规定的律师费用计算在赔偿范围内。

权利人发现侵权行为后往往会收集证据、采取措施制止侵权行为，在此过程中一些必要费用的支出难以避免，例如调查费、公证费等。由于这些费用系侵权行为所致，故根据“谁致损，谁担责”的原则，亦应由侵权人承担。

前述“小猪佩奇”案中，法院认为，原告的检索报告系用于证明“小猪佩奇”形象的知名度和盈利能力，检索报告费用属于合理必要支出，故予以全额支持。

知识拓展

著作权侵权的损害后果并非仅产生损害赔偿之债，根据我国《著作权法》第五十二条的规定，侵犯著作权还应当根据情况，承担停止侵害、消除影响、赔礼道歉、赔偿损失等民事责任。

（一）停止侵害

停止侵害，是指行为人正在实施著作权侵权行为，权利人有权请求法院判令行为人立即停止其不法行为。与损害赔偿应以行为人存在过错为前提不同，停止侵害责任方式的承担不以行为人有过错为条件。通常情况下，停止侵害是侵权人首先应当承担的民事责任。前述“小猪佩奇”案中，法院即首先判令被告立即停止被控侵权行为。

但值得注意的是，司法实践中已有基于公共利益的考量，以支付合理使用费用代替停止侵害的判例。例如，浙江省杭州市滨江区人民法院在“大头儿子”案[①]一审判决中认为,《新大头儿子和小头爸爸》获得了社会公众的广泛认知，取得了较好的社会效果，如果判决被告停止播放该动画片，将会使一部优秀的作品成为历史，造成社会资源的巨大浪费，而且也将使剧本、音乐及配音等其他创作人员的劳动付诸东流，有违公平原则。因此，鉴于本案的实际情况，宜以提高赔偿额的方式作为停止侵害行为的责任替代方式。该判决作出后，双方当事人均提起了上诉。浙江省杭州市中级人民法院在该案二审判决中认为，原审法院在综合考虑当时的创作背景、本案实际情况、平衡原作者、后续作品及社会公众的利益以及公平原则的基础上，不判令停止侵害，但以提高赔偿额的方式作为责任替代方式并无不妥，既符合本案客观实际，也在其合理的裁量范围之内。

需强调的是，在著作权侵权案件中，法院对于停止侵害责任的转化仍持十分审慎的态度，例如《北京高院著作权审理指南》中对于停止侵害的例外情形作了明确限定，即只有在被告停止被诉侵权行为可能有悖公序良俗，或者违反比例原则时才可以不判令停止侵害。该指南同时指出，在不判令停止侵害的情况下应当根据案件情况从高确定赔偿数额或者判令被告支付相应的对价。[②]

（二）消除影响、赔礼道歉

消除影响、赔礼道歉均属于精神型责任方式，救济对象均是非财产性损失。在著作权侵权纠纷案件中，消除影响、赔礼道歉两种责任方式均主要适用于著作人身权[③]受到损害的情形。

消除影响与赔礼道歉在责任内容方面有所不同，消除影响是在行为给权

---

① 杭州 ×× 文化发展有限公司与 ×× 动画有限公司著作权侵权纠纷，一审（2014）杭滨知初字第 636 号民事判决书，二审（2015）浙杭知终字第 358 号民事判决书。

② 参见《北京市高级人民法院侵害著作权案件审理指南》第 8.1 条。

③ 根据我国《著作权法》的规定，著作权包括四项人身权，即发表权、署名权、修改权和保护作品完整权。

利人造成不良影响时的一种民事责任承担方式，而赔礼道歉是侵权人向权利人承认其行为构成侵权并表示歉意的一种民事责任承担方式。著作权侵权纠纷案件中，著作权人可以根据其著作人身权受损害的实际情况提出相应的责任请求，法院也应根据著作权人受损害的具体权利、侵权人的主观过错等情况，确定侵权人应当承担的责任方式。

消除影响的范围一般与侵权造成影响的范围相一致。赔礼道歉的形式可以是口头、书面或者在报刊、网站上登载致歉声明等，范围也应当与侵权的情节程度相适应。司法实践中，倘若被告在诉讼中主动道歉并已记录在案的，可不再判令其承担赔礼道歉的民事责任。

（三）精神损害赔偿

著作权包括人身权利和财产权利，在著作权纠纷中，权利人的损失有时既包括财产性损失，也包括非财产性损失。对于非财产性损失，著作权人能否主张精神损害赔偿，我国《著作权法》中并未明确规定，但司法实践普遍认为，作品是作者人格权的延伸，侵犯著作权有时会给作者带来精神痛苦，因此，在著作人身权受到严重侵犯的情况下，对作者主张的精神损害赔偿予以支持更加契合著作权法保护作者权益的立法目的。

在精神损害赔偿方面，一些地方法院的指导意见走得更远，例如《北京高院著作权审理指南》中即有关于精神损害赔偿的明确规定。[①] 该指南规定，侵害著作人身权或者表演者人身权，造成严重精神损害，且适用停止侵害、消除影响、赔礼道歉仍不足以抚慰的，可以判令被告支付精神损害抚慰金。该指南同时指出，法人或者非法人组织主张赔偿精神损害的，一般不予支持。关于精神损害抚慰金数额，该指南认为，可以根据原告遭受精神损害的程度、被告侵权的主观过错、侵权方式、侵权情节、影响范围等因素综合确定。

---

① 参见《北京市最高人民法院侵害著作权案件审理指南》第8.16条、第8.17条。

普法提示

在司法审判中，证据是认定案件事实的根据。著作权侵权纠纷中，无论是权利人还是被控侵权方，均应积极参与诉讼，积极出示证据，如此才有助于法官全面了解案件事实，并正确认定赔偿责任及赔偿数额。

对于权利人即原告而言，在提起著作权侵权之诉前，至少应准备三方面的证据：一是权属方面的证据；二是用以证明侵权事实存在的证据；三是用以证明实际损失的证据。司法实践中，原告大多对于权属和侵权事实方面的证据较为重视，但对于实际损失方面的证据往往准备不足，有的甚至不提交而直接要求法院酌定赔偿数额。如前所述，损害赔偿是对原告损失之赔偿，因此，依据“谁主张，谁举证”的原则，原告既然主张损害赔偿，则理应对其损失举证证明。有地方法院认为，适用法定赔偿方法不能免除原告的举证责任，原告应当就其法定赔偿请求的数额提供与法定赔偿考虑的因素相关的证据，作为确定赔偿数额的依据。原告不提交相关证据的，则依公平原则给予原告法定赔偿数额以内较低数额的赔偿。①

对于被控侵权方，即被告而言，亦应准备好相关证据，包括可推翻原告权属的证据、证明自己无过错的证据，以及证明原告主张赔偿数额过高的证据等。司法实践中，被告大多对于被控侵权事实不持异议，主要是对原告权属与赔偿数额的认定持有异议。关于权属，由于法院通常在权属认定方面坚持优势证据规则，因此，被告若对原告权属有质疑，则应尽量提交相反证据予以推翻。关于赔偿数额，被告若认为原告主张的赔偿数额过高，则可向法院出示其真实的财务账册以证明其获利情况。尽管依据何种赔偿计算方式取决于原告，但被告主动提交财务账册有助于法官更加公平公正地确定赔偿数额。令人遗憾的是，实践中被告主动提供财务账册的情形十分罕见，或因不愿，或因不能，而不愿或不能，均易使法官在确定赔偿数额时作出对被告不利的解释和处理。

---

① 参见《湖南省高级人民法院关于审理涉及网络的著作权侵权案件若干问题的指导意见》第23条。

第三章

其他问题

案例一

电子证据效力如何认定?

——基于可信时间戳存证因缺乏关键性步骤而不予采信的案例研究

王婵[①]

案情回顾

(一)案件起因

大学生明明是个摄影爱好者，经常利用寒暑假游山玩水，拍拍美景，并将这些照片发在自己的博客或者微博里进行社交分享，明明也因为精湛的拍照技术获得了一大批“粉丝”，这些“粉丝”喜欢在微博评论里同他互动探讨摄影技巧和一些网红必拍景色。

有一天，明明在上网时发现自己拍摄的照片被用在了好吃好玩旅游公司的官网上，用来宣传他们新推出的系列跟团游产品。可是，好吃好玩旅游公司并没有事先得到明明的允许，也没有向明明支付任何报酬。明明看到自己这么多作品被对方营利性使用，意识到自己被侵权了，但他知道自己作为法律“小白”，没有诉讼经验，需要寻求专业的图片经营公司来替自己管理这些照片。

通过网络寻找和询问业界朋友，明明最终将所有的照片交给了美景图片公司管理，通过签订授权书，美景图片公司成为这些照片的独家信息网络传播权人，并享有维权的权利。

美景图片公司迅速开始了证据收集工作，考虑到侵权图片数量较多，去公证处公证存证一是时间太长，二是成本太高，美景图片公司决定使用第三

---

① 北京互联网法院审管办（研究室）法官助理。

方平台存证——可信时间戳。待存证结束后，美景图片公司就开始了起诉好吃好玩旅游公司侵害作品信息网络传播权的维权之战。

（二）当事人主张

美景图片公司（以下简称图片公司）诉称判令好吃好玩旅游公司（以下简称旅游公司）赔偿经济损失及调查侵权行为而支出的合理费用共计人民币10万元。

旅游公司辩称自己并未侵权，图片公司提供的证据无法证明旅游公司实施了侵权行为。因为图片公司用以证明侵权的证据是一段屏幕录像，而该录像是由图片公司录制的，在证据类型上属于视听资料，法院应对其证据资格及证明效力实施严格审查。图片公司对涉案录屏文件进行“时间戳”形式的保全，本质上不属于取证技术，而是一种固证存证技术，所采集的电子数据的真实性很可能在被抓取之前，因其所处设备或网络环境存在问题已经受到了“破坏”，导致存证下来的证据天然不具有可信力。在无可信第三方监督的单方取证、存证活动中，只有明确取证活动无技术篡改之可能，才能认可其固化内容的真实性。

旅游公司认为，图片公司的取证应做到技术风险的全面排查，比如核查存证计算机是否有隐藏的分区，有无可疑外设，有无远程控制、木马程序及当前计算机系统的网络环境等会影响网页真实性的因素。图片公司提供的时间戳证据显示，图片公司对含涉案链接在内的大量链接群进行了定时定向的集中访问，一次录屏活动所涉及诉讼利益巨大，但是，图片公司规避公证监督，仅在可控制的电脑及网络环境下完成批量取证及录屏，应当承担该取证方式导致证据证明力不足的风险。

而且，旅游公司还表明，图片公司既然选择可信时间戳的方式进行存证，更应遵照可信时间戳官网于2017年7月公布的《可信时间戳互联网电子数据取证及固化保全操作指引（V1.0）》（以下简称《操作指引》），严格完成全步骤清洁性、安全性、网络连接真实性的自检。但图片公司提交的证据存在明显疑点，故请求法院遵循疑点证据“孤证不立”原则，驳回图片公司的所有诉讼请求。

结合图片公司的主张和旅游公司的答辩可以看出，本案双方争议的焦点在于，图片公司提供的可信时间戳证据能否被法院采信。

（三）审理意见及裁判结果

根据《最高人民法院关于审理著作权民事纠纷案件适用法律若干问题的解释》规定，当事人提交的涉及著作权的底稿、原件、合法出版物、著作权登记证书、认证机构出具的证明、取得权利的合同等，可以作为认定作品著作权的证据。本案中，图片公司提交了涉案图片原片、原片属件详细信息截屏、授权书和《委托合作协议》补充说明，在旅游公司无相反证据的情况下，法院依法确认图片公司在授权期限内享有涉案图片的独家信息网络传播权，有权提起本案诉讼。

图片公司主张旅游公司在其在线运营的网站上未经许可，通过信息网络，擅自使用、向公众传播图片公司享有信息网络传播权的涉案 20 张图片，并提交取证录像予以证明。旅游公司对图片公司的主张和提交的证据均不认可。旅游公司对取证录像中图片公司针对互联网连接真实性检查的操作流程效力有异议，因该操作流程效力对侵权行为认定有重要影响，故法院指定技术调查官参与本案庭审并出具专业意见。

技术调查官指出《操作指引》系联合信任时间戳服务中心（即北京联合信任技术服务有限公司）出具，作为可信时间戳存证方式的操作规范，具有一定指导作用，且图片公司和旅游公司均认可该《操作指引》，故法院将参照该《操作指引》判定涉案电子证据的操作流程效力。

《操作指引》的“互联网连接真实性检查”中包括三个关键步骤：

1. 在 IE 浏览器的 Internet 选项下的“连接”中点击“局域网”设置，以保证没有连接代理；

2. 在命令窗口输入“ipconfig/all”命令，显示所有网络适配器（网卡、拨号连接等）的完整 TCP/IP 配置信息；

3. 在命令窗口输入“tracert 目标网页域名”，以确认连接到目标页面网络服务器的路径，保证接入网站的真实性。

以上三个关键步骤的缺失会导致如下问题：

1. 没有点击“局域网”设置查看代理情况，存在设置虚拟代理网站的可能；

2. “ipconfig”没有加上“/all”，就不会显示 DNS 等关键信息，无法排除存在虚拟网站的可能；

3. 没有执行“tracert 目标网页域名”，无法查看目标页面网络服务器的真实路径，进而无法确定接入网站的真实性。

而图片公司提供的取证录像前置性检查步骤中上述三个关键步骤均缺失，导致可信时间戳证据存在重大缺陷，不足以取信。因此，图片公司提交的证据无法证明旅游公司实施了侵犯其信息网络传播权的行为，图片公司基于存在的侵权事实要求赔偿损失及合理支出的诉讼请求没有事实依据，法院不予支持，最终判决驳回原告图片公司的全部诉讼请求。

法理分析

可信时间戳等电子存证方式具有成本低廉、制作时间短等优势，而电子数据证据不同于传统的证据形式，具有真伪的脆弱性、传递的技术性、极强的可复制性等特殊属性。

《最高人民法院关于互联网法院审理案件若干问题的规定》第十一条第一款规定：“当事人对电子数据真实性提出异议的，互联网法院应当结合质证情况，审查判断电子数据生成、收集、存储、传输过程的真实性，并着重审查以下内容：（一）电子数据生成、收集、存储、传输所依赖的计算机系统等硬件、软件环境是否安全、可靠；（二）电子数据的生成主体和时间是否明确，表现内容是否清晰、客观、准确；（三）电子数据的存储、保管介质是否明确，保管方式和手段是否妥当；（四）电子数据提取和固定的主体、工具和方式是否可靠，提取过程是否可以重现；（五）电子数据的内容是否存在增加、删除、修改及不完整等情形；（六）电子数据是否可以通过特定形式得到验证。”由此可以发现，并非只要在第三方平台上存取的电子证据就是真实可靠的，因为整个存证取证过程都是线上操作，基于电子证据的特点，其举证、质证与认证和传统证据的举证、质证与认证存在诸多差异，只要在网络环境中操作，电子证据就难免存在受“破坏”的风险，导致存证下来的证据不具有可信力。而这类“破坏”包括非真实的网络环境、定向虚假链接访问、时间来源不明等问题。因此，当事人在用可信时间戳等技术手段采集证据时，应当严格遵守操作流程，尽力确保电子数据的原始真实性。

知识拓展

（一）电子证据的法律依据

《民事诉讼法》第六十三条第一款第五项明确规定电子数据属于民事诉讼的证据种类。《刑事诉讼法》第五十条第二款第八项规定了视听资料和电子数据若可以用于证明案件事实，也属于证据。《行政诉讼法》第三十三条规定表明，行政诉讼的证据包括视听资料和电子数据。三大诉讼法都将电子数据确定为法定证据，明确其证据地位，说明电子数据已然成为诉讼活动中不可或缺的证据种类。

（二）什么是电子证据？

关于电子数据的定义，《最高人民法院、最高人民检察院、公安部关于办理刑事案件收集提取和审查判断电子数据若干问题的规定》第一条第一款规定：“电子数据是案件发生过程中形成的，以数字化形式存储、处理、传输的，能够证明案件事实的数据。电子数据包括但不限于下列信息、电子文件：（一）网页、博客、微博客、朋友圈、贴吧、网盘等网络平台发布的信息；（二）手机短信、电子邮件、即时通信、通讯群组等网络应用服务的通信信息；（三）用户注册信息、身份认证信息、电子交易记录、通信记录、登录日志等信息；（四）文档、图片、音视频、数字证书、计算机程序等电子文件。”

而《最高人民法院关于适用〈中华人民共和国民事诉讼法〉的解释》第一百一十六条第二款对电子数据的定义是指通过电子邮件、电子数据交换、网上聊天记录、博客、微博客、手机短信、电子签名、域名等形成或者存储在电子介质中的信息。

（三）常见电子证据的形式

1. 手机短信

虽说微信已经成为人们生活中重要的沟通方式，但手机短信仍然不可被替代。比如，用手机短信举证时应提供短信的打印件或截屏，注意截图的内容应完整，应包括短信内容、发(收)件人、发(收)时间等内容，当庭出示时应提供接收短信的手机以核对真伪，并最好将短信内容、发(收)件人、发(收)时间、保存位置等相关信息予以书面摘录并提交。

2. 电子邮件

由于受发送文件格式大小的限制，人们在发送较大的文件或者压缩包时都会首选使用电子邮件。当事人选择电子邮件作为参与诉讼的证据时，应提供发件人和收件人双方的身份信息、邮件的生成和接收时间、抄送以及邮件发送的具体内容。当事人应当掌握邮箱的账号和登录密码，以便在庭审过程中当庭演示登录邮箱等，证实证据的真实性。此外，电子邮件的前后往来邮件也是证据链条中佐证的重要辅助证据之一。

3. 网站内容

从北京互联网法院目前开庭审查证据的内容来看，网站内容截图占比极高。将网页截图作为证据出示时，当事人应尽可能保证网页证据信息完整，除了截取侵权行为的关键部分，还应包含网址信息、侵权时间等其他与证明侵权事实相关的信息。

4. 微信记录

微信证据包含文字微信记录、图片微信记录、语音微信记录和视频微信记录四类。

文字微信记录包括与微信好友的聊天、微信朋友圈发布的文字以及微信公众号发布的文章等以文字形式存在的信息。

图片微信记录包括与微信好友聊天过程中，发表微信朋友圈时和公众微信号发布时转载、制作、拍摄的图片以及使用的各类表情，图片、表情所表达的意思通常要放置到整个聊天记录、文章中去理解，不同的使用者所表达的意思往往不同，存证取证时既要截取图片信息，还要将图片所在的聊天记录、文章等一并截取。

语音微信记录包括与微信好友的聊天、微信朋友圈发布的语音以及微信公众号发布的文章等以语音形式存在的信息。微信虽有语音转换文字的功能，但识别并不准确，提供语音证据的原始形式并进行当庭播放，可以提高该证据的证明力。

视频微信记录包括与微信好友聊天过程中，发表微信朋友圈时和微信公众号发布时转载、制作、拍摄的视频。视频证据不仅能反映微信记录的完整性与连贯性，还能锁定微信证据的时间。

另外值得强调的一点是，在审判实践中，有的当事人把认为不利于自己的聊天记录删除，在法庭调查中无法还原争议部分的聊天记录，从而导致整个聊天记录难以被法庭采信，反而给自己的诉讼带来了不必要的麻烦。

5. 网络支付软件信息

当事人一般无法获得除自己之外其他人的网络支付软件账户详细信息，如遇举证需要，可以提交网络支付软件账号等必要线索后申请法院出具《调查令》向网络支付软件的运营商进行调取，调取的信息包括账户的注册信息、开户信息、资金流水及余额信息。

（四）常见的存证方式

1. 自行存证

自行存证，顾名思义就是当事人自行截取电子证据的截图等。由于电子证据本身易灭失、易更改的特点，自行存证的证据虽然证明力较弱、容易受到对方当事人“证据形式不合法”的抗辩，但这种证据毕竟是电子证据的表现形式之一。在“证据优势”的情况下，部分案件中一旦遇到对方当事人删除了相关内容且没有其他证据佐证及对方当事人的自认的情况，则该类证据一般无法得到法院的采信；但在对方也不能提出有力证据的情况下，这类证据的“弱势”就胜过了对方的“无势”，所以说，走投无路的紧急情况下，这种存证也不失为一种有效的手段。

2. 公证存证

公证存证，即当事人到公证处保全电子数据证据。公证存证的证据可信度比较高，有《公证法》的规定，同时也有公证员的监督，从而使这类证据获得了超然的法律地位，易被法院采信。

3. 第三方平台存证

《最高人民法院关于互联网法院审理案件若干问题的规定》表明，当事人提交的电子数据，通过电子签名、可信时间戳、哈希值校验、区块链等证据收集、固定和防篡改的技术手段或者通过电子取证存证平台认证，能够证明其真实性的，互联网法院应当确认。这类存证形式和法律地位并不高于第一类的自行存证，但是相当于存证方请了一个“证人”见证了其存证过程，从存证环节上多了一个“佐证”，使得证据的真实性更有保障。

普法提示

（一）树立证据“三性”意识

老话说：“凡事都要讲证据。”而法律意义上的证据必须要满足“三性”——客观真实性、关联性和合法性。

客观真实性是指证据是不依赖于主观意识而存在的客观事实，证据不是想象出来的，更不是伪造的。

关联性是指提供的证据要与案件事实之间客观关联，比如实务中经常遇到当事人提供先前的判决书作为证据，但这份判决书是基于先前案件调查的事实作出的裁判，与本案的事实并不必然存在联系，不能实现其证明目的。

合法性是最好理解的，是指证据的内容、形式、取证过程等符合法律规定。

（二）保存证据原始形式

证据的存储方式多样，很多人因为手机或者电脑内存较小，往往会将信息存入百度云之类的云盘里，等到需要使用的时候再从云盘下载下来。需要说明的是，这种存储到云盘后又从云盘下载下来的证据，其真实性容易受到质疑，因为这个存储和下载的过程存在篡改证据的可能。因此，切勿过分依赖云盘存储，删除原始数据时须谨慎，保护好证据的“第一手资料”。

（三）选择合理的存证方式

存证方式多样，选择合理的存证方式很重要。根据笔者前述介绍的三种存证方式，不难发现，除了传统的公证存证，还有很多存证方式供大家选择。最方便的当然是自行存证，但存在可信度低的风险，建议当事人如果维权作品数量较多，涉及数额较大，可以选择最传统的公证存证方式，风险低，容易被法院采信。而第三方平台存证具有一定的技术可操作性，对于首次使用者的自学能力和电脑操作能力要求较高。

（四）严格遵守第三方平台存证规范

如果选择第三方平台进行存证，一定严格遵守平台存证规范。本章讲述案例的裁判关键就是可信时间戳平台提供的《操作指引》，由于图片公司在第三方平台进行存证时没有严格遵守《操作指引》的前置性检查步骤而导致证据无法被法院采信。因此，使用第三方平台存证时，如果拿捏不准操作步骤，须求助专业人士进行存证，避免因操作不规范导致败诉。

案例二

区块链技术在电子证据领域的应用

——解析跨链接入天平链的区块链存证校验过程

伊然[①]　王婵[②]

案情回顾

现如今，“两微一端”——微信公众号、官方微博、手机客户端好像成了一家公司的标配。然而，在海量资源面前，这些信息平台未经授权、未经审核、未经付款就使用他人的知识成果变得十分容易，直接上传和间接转载相结合，让著作权的权利人十分“头大”，只能在维权道路上越走越远。

欲知详情，请看下面这则案例：

（一）案件起因

原告明朗创意公司（以下简称明朗公司）是一家专业的图片生产运营公司，主要从事图片的生产和售卖业务。不得不说明朗公司的图片看起来真是不同于一般摄影师拍摄出来的图片，据明朗公司介绍，其公司产出一张图片，需要经过策划、筹备、演员化妆、实际拍摄及后期修图等多个过程，一张精美图片的背后是公司各个部门共同的智慧结晶。

然而，明朗公司在信息检索过程中发现，许多微信公众号或是微博使用了它们生产的图片，经核实，这些平台并未经过明朗公司的授权，也没有向明朗公司支付任何使用报酬。其中有个名为“投资必备小知识”的公众号使用了明朗公司的一张图片，通过微信认证，明朗公司得知上述公众号的运营公司是汇彩管理公司（以下简称汇彩公司），遂将其诉至法院。

---

① 北京互联网法院立案庭法官。

② 北京互联网法院审管办（研究室）法官助理。

（二）当事人主张

明朗公司认为汇彩公司的行为侵犯了其享有的著作权，要求汇彩公司支付赔偿金 7000 元及为制止侵权支出的合理费用 3000 元。

汇彩公司答辩如下：

首先，汇彩公司认可明朗公司是涉案图片的著作权人，有权提起本次诉讼。而我方运营的微信公众号里确实使用了明朗公司的一张图片，认可使用行为。

其次，汇彩公司是在确认新闻稿已经其他媒体发布后，才予以转载。该转发不以营利为目的，汇彩公司并未从中实际获取任何利益。

最后，汇彩公司转发时并不知晓其中牵涉任何版权、著作权纠纷，无主观侵权恶意，并在知晓该文涉及侵权事宜后，已经第一时间将文章从微信公众号中删除。

综上，不同意明朗公司的诉讼请求。

（三）审理意见及裁判结果

本案虽是一起常见的侵害作品信息网络传播权纠纷案件，但其中涉及第三方存证平台跨链接入北京互联网法院天平链系统，最终天平链如何验证证据是否被篡改的问题，是区块链存证技术和北京互联网法院天平链系统实际应用的典型案例。

北京版权家科技发展有限公司（以下简称版权家）为第三方存证平台，跨链接入北京互联网法院天平链系统。任何存证用户在该公司进行存证的同时，北京互联网法院天平链系统均会对其存证证据的哈希值进行同步存储。

在用户向北京互联网法院电子诉讼平台提交证据时，电子诉讼平台同步调取该证据首次存入平台时的哈希值。电子诉讼平台会通过天平链将该哈希值与版权家存证平台提供的存证进行哈希值校验对比，得出区块链存证验证是否一致的验证结果，并向法官推送。

上述过程看似复杂，其关键是两份哈希值的比对：诉讼前原告存证时天平链产生的哈希值与诉讼时原告提交证据后天平链产生的哈希值。

具体到本案：

1. 诉讼前明朗公司存证时获取天平链哈希值的过程

诉讼前，明朗公司选择在版权家对汇彩公司的侵权事实进行区块链存证，并获得版权家电子数据存证证书。该电子数据存证证书实际上是版权家在存证时，将该电子证据的数据通过哈希算法计算出一个哈希值，将该值作为主要内容制作成电子证书并返回给存证用户。

通过跨链操作，天平链会将版权家的上述操作过程，通过跨链系统定时进行哈希算法计算并将版权链此时区块头部的哈希值存储于天平链上。此时的哈希值并不返回给用户，而是用于跨链数据校验。

也就是说，用户只会获得一份在版权链上的哈希值，而版权链在天平链上产生的哈希值是用于两条链互相之间验证的。

2. 诉讼时原告提交证据后天平链产生哈希值的过程

明朗公司在北京互联网法院起诉时，会在北京互联网法院电子诉讼平台提交证据及记录该证据哈希值的存证证书。

平台读取存证证书获知版权链存证时的时间节点，通过天平链的跨链技术反向获取版权链存证时间节点前后的两个区块信息。此时，将证据加载至存证前的区块头部上再次计算哈希值；随后，将该值与存证后的区块头部的哈希值对比是否一致，得出区块链存证验证是否一致的验证结果，并向法官推送。如果验证一致，就可以确定明朗公司提交的证据（相关网页）在存证后未经过篡改；否则，法官就可以断定明朗公司诉讼时的举证内容与当初在版权家的存证内容不一致。

最终，北京互联网法院通过天平链的认证，确定明朗公司提供的证据真实有效，并作为认定事实的依据，作出了裁判。

由于这是北京互联网法院第一次通过区块链技术对当事人提供的证据进行验证，考虑到这是一种全新的取证认证方式，特意邀请法院的技术人员当庭向汇彩公司的代理人介绍了法院天平链对于上链证据予以认证的过程，汇彩公司当庭表示通过技术人员的介绍，完全知晓了法院的区块链存证证据认证的过程，并明确表示接受法院认证的结果。

一审认定汇彩公司侵权成立，赔偿明朗公司经济损失 2000 元及合理支出 500 元。判决作出后，双方均未上诉。

法理分析

通过对上述案例的讲解，不难发现，区块链存证技术对于当事人存证举证具有关键性意义。然而，区块链存证技术对于大多数人来说依旧很陌生，为何要选择区块链存证技术？它和过去的存证方式又有什么实质上的差别？

要想了解区块链存证的实际意义，就不得不提一下电子证据的自行存证。自行存证，顾名思义就是当事人自行截取电子证据的截图等。由于电子证据本身易灭失、易更改的特点，自行存证的证据证明力较弱，容易受到对方当事人“证据形式不合法”的抗辩，这类证据一旦遇到对方当事人删除了相关内容的情况，就无法得到法院的采信。

那怎么办呢？日常生活中一般人们都会想到“这事儿某某能给我作证”，这就对了，电子证据找个“电子证人”不就得了。区块链技术储存的证据一定是电子证据，这个区块链存证相当于存证方请了一个“证人”见证了你的存证过程，并且存证环节上多了一个“佐证”。

上述案例中，明朗公司首先通过版权人数据监测，发现享有著作权的图片被侵权，即收集相关的侵权图片线索，将侵权线索存证于版权链，版权链通过跨链操作将版权链区块的摘要数据在天平链上存储。需要进行验证时，天平链反向调取版权链信息进行电子数据校验，这份存证就像是明朗公司的“电子证人”，见证了明朗公司的存证过程。

当诉讼发生时，原告明朗公司通过北京互联网法院电子诉讼平台进行网上立案，同时提交起诉状、用户身份验证信息、确权存证原文件、侵权线索原文件及包含区块链存证编号的文件。北京互联网法院电子诉讼平台调取天平链进行自动验证，验证结果显示涉案证据自存证到天平链上后未被篡改过，得出区块链存证“验证成功”的结果。这个过程就像是“电子证人”在为权利人进行作证，证实证据真实可信。

知识拓展

（一）区块链的概念和产生

区块链（Block Chain）起源于比特币，区块链技术作为一项新兴网络信息技术，近来频繁出现在人们的视野中，成为与云计算、大数据、人工智能、虚拟现实等并驾齐驱的创新发展的热词。

在世界经济组织(WEF)于2016年8月中旬发布的报告中，将区块链定义为分布式总账技术(DLT，Distributed Ledger Technology)。《中国区块链技术和应用发展白皮书（2016）》中写道：区块链技术起源于化名为“中本聪”（Satoshi Nakamoto）的学者在2008年发表的奠基性论文《比特币：一种点对点电子现金系统》。至今，区块链并没有一个官方的或公认的定义。

狭义来讲，区块链是一种按照时间顺序将数据区块以顺序相连的方式组合成的一种链式数据结构，并以密码学方式保证的不可篡改和不可伪造的分布式账本。广义来讲，区块链技术是利用块链式数据结构来验证与存储数据、利用分布式节点共识算法来生成和更新数据、利用密码学的方式保证数据传输和访问的安全、利用由自动化脚本代码组成的智能合约来编程和操作数据的一种全新的分布式基础架构与计算范式。

（二）区块链的特点

1. 以区块为单位的链状数据块结构

区块链系统各节点通过一定的共识机制选取具有打包交易权限的区块节点，该节点需要将新区块的前一个区块的哈希值、当前时间戳、一段时间内发生的有效交易及其梅克尔树根值等内容打包成一个区块，向全网广播。

由于每一个区块都是与前续区块通过密码学证明的方式链接在一起的，当区块链达到一定的长度后，要修改某个历史区块中的交易内容就必须将该区块之前的所有区块的交易记录及密码学证明进行重构，有效实现了防篡改。

2. 全网共享账本

在典型的区块链网络中，每一个节点都能够存储全网发生的历史交易记录的完整、一致账本，即对个别节点的账本数据的篡改、攻击不会影响全网总账的安全性。此外，由于全网的节点是通过点对点的方式连接起来的，没有单一的中心化服务器，因此不存在单一的攻击入口。同时，全网共享账本这个特性也使得防止双重支付成为现实。

3. 非对称加密

典型的区块链网络中，账户体系由非对称加密算法下的公钥和私钥组成，若没有私钥则无法使用对应公钥中的资产。

（三）区块链防篡改原理解析

从不可篡改、可溯源的角度来解释区块链：一种按照时间顺序将数据区块以顺序相连接，并以密码学方式保证的不可篡改和不可伪造的分布式账本（也称数据库）。它具有不可篡改、防伪、可追溯等特性。

1. 哈希值在链式结构中防篡改

在区块链中，每个新区块都包含上一个区块经过科学方法算出来的数据指纹——哈希值（又译作散列值、哈希散列值）。

这个哈希值让一个一个的区块之间形成了有着严格顺序关系的链条结构，一旦某个区块中的任何数据被篡改，该区块在下一个区块头部的数据指纹（哈希值）就会变动，后续所有区块的数据指纹（哈希值）都会变动，所有人都能发现数据被篡改，并丢弃且不认可这种无效数据。这就保证了区块链数据的不可篡改。

2. 分布记账在链式结构中防篡改

在区块链系统中，根据一套竞争规则，选出记账人（节点），参与竞争的人都有机会获胜当选记账人（节点）。

“中本聪”设计的方法是，谁做出数学题的答案，谁就获得记账权，每一次数学解题竞赛中，都只产生一名获胜者，由他来进行记账。这体现了区块链非中心化记账的特点，通过做题随机产生记账人，保证记账人不再是某个中心化机构。

记账人产生后，记账信息打包生成一个数据包，该数据包称为区块（即挖出一个新区块）。其他玩家验证无误后，将这个新区块复制（下载同步）到自己维护的区块链上，这就保证了所有玩家虽是分布式记账，但所有人的账本数据是一致的（区块链上信息相同）。这体现了区块链记账的一大特点，所有节点维护的账本一样，对账非常方便。[①]

一次记账完成，就是一个新区块被挖出，这个区块信息是固定的，它有自己独有的数据指纹（即哈希值）。[②]在下一轮记账中，新的解题获胜玩家，记录新一页账单（挖出新区块），新的账单的头部（区块头）需要记录上一页账单的数据指纹（上个区块的哈希值），这就保证上一页账单和当前账单建立有明确顺序的紧密关联。

若上一页账单数据被修改，那它的数据指纹（哈希值）会发生改变，就无法与下一页账单中记录的哈希值对应上。所有玩家就能识别出这是个被篡改的无效链，并将其抛弃。

而上个区块的头部也记录了上上一个区块的哈希值，这样整个区块链环环相扣，有严格的先后顺序，且只要某个区块数据被篡改，其后所有区块的记账数据就会发生改变，可谓“牵一发而动全身”。这就是区块链记账的又一大特点：链上所有区块，环环相扣，通过算法保证全链的信息无法篡改。

由上可知，区块链通过竞争机制，产生记账权，保证记账节点的去中心

---

① 如何保证记账人不会作弊记假账呢？比特币是通过验证和奖励机制实现的。所有玩家都会验证获胜玩家记账的真实性。如果记假账，其他玩家就不认可这次记账，获胜玩家就白白浪费一次记账机会。而且，每次获得记账权都意味着丰厚的奖励（比特币），记假账就等于自动放弃奖励。所以，获胜玩家出于利益考虑，不会记假账。即使他是一个破坏分子，特意来捣乱，最终也无法通过其他玩家的验证，因为只有正确的记账才会被所有玩家认可。这就保证了记账数据的正确性。

② 通过对该区块进行哈希值运算，产生该区块的哈希值，该区块发生任何变化，区块的哈希值就会有巨大改变。这样也就保障“不可篡改性”。

化[1]和所有记账节点账本数据的一致性。通过新区块引用上一区块的哈希值的方式，保证全链的数据具备严格的先后顺序以及不可篡改的属性。通过以上方式确保区块链上的交易信息都是可信的，所以说区块链是制造信任的机器。

3. 可溯源性

区块链溯源，指加入到区块链中的记录被永久存储，区块链的链式结构，使得即使其在过去的某刻发生了变更，也会被完整记录，这样就可以追溯到发生变更的区块，从而保证其不可被篡改。区块链的特点使得“作恶”的成本大为增加，从而使得没有人（节点）会去作恶。

（四）天平链系统的介绍

2019 年 3 月 30 日，天平链成为首批国家互联网信息办公室通过备案的区块链信息服务项目。目前，天平链已完成跨链接入区块链节点 18 个，完成知识产权、电子合同、银行等 25 个应用数据对接。截至 2019 年 11 月 2 日，天平链在线证据采集数超过 900 万条，跨链存证的数据量已达 2000 万条，案件审理中验证跨链存证数 2452 条，涉及案件 456 个。基于天平链判决案件 38 件，183 件涉天平链案件已经成功调解或撤诉。2018 年 12 月 15 日，天平链获得“赛迪许可链测评合格证书”；2018 年 12 月 22 日，区块链技术与数据安全工业和信息化部重点实验室在北京互联网法院设立区块链技术司法应用实验基地；2019 年 3 月 31 日，天平链通过国家互联网信息办公室第一批区块链信息服务备案（京网信备 11010619282605830010），完成版权、著作权、互联网金融等 9 类 25 个应用节点数据。

区块链技术之所以可以参与司法应用，甚至有深度融合的趋势和必要，从行业和司法达成的共识来讲，至少有以下几个原因：

其一，取证成本相比公证处取证等传统方式明显要低，取证时间也更加灵活，甚至可以突破地域和时间的限制，理论上只要有网络的地方都可以实

---

① 由上论述可知去中心化是指，不依赖任何一个中心记账，而是由所有人一起来维护一个账本，任何人都可以去抢记账权。

现取证存证；

其二，区块链溯源性及不可篡改性，基于密码技术将电子数据生成唯一的数字指纹哈希值，并将其储存在多个不同的节点上，既能防止被篡改，亦能溯源查找修改痕迹，还能实现是否篡改的验证；

其三，区块链的链式结构特点天然与证据链的链式闭环高度契合，使得电子数据证据的取证和存证更加便捷和易被法院采信。

（五）跨链接入的过程

跨链技术方面，支持区块锚定的方式实现跨链互信，同时定义了标准的跨链操作 API 接口；支持对外链接入的管理与授权机制（如图 1 所示）。

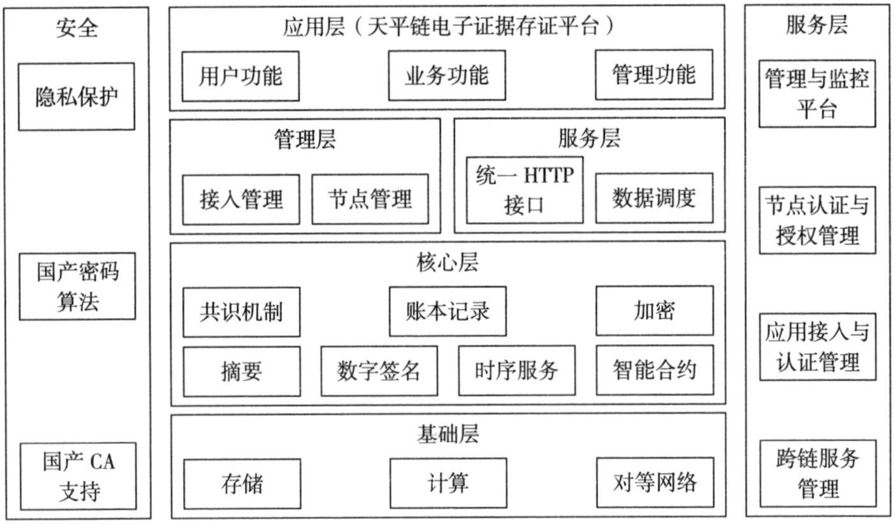

图 1　天平链技术架构

天平链的主要应用：天平链的基本应用模式是基于北京互联网法院电子证据相关规则，面向各类互联网应用提供电子数据存证服务。电子数据产生后，第一时间将其哈希值写入天平链，用户获得该数据在天平链的存证编号。当该电子数据涉及北京互联网法院管辖案件时，用户可以提交该存证编号和原始电子数据，天平链后台可自动验证该电子数据的完整性和存证时间，从而大幅提升法官对于电子数据的采信效率。

普法提示

（一）知识经济时代，使用付费意识要强

著作权的特点使得很多人不觉得侵犯别人的著作权是侵权。在现实生活中，很多被控的侵权人，使用从网上找来的图片作为自己网站或者微信公众号的配图使用，殊不知无形中已经侵犯了他人的著作权。甚至有的被控侵权人在被起诉到法院时还辩称“我们已经删除了，不侵权了”。实际上，这种“已经删除了”属于停止侵权，而侵权在其未经授权使用的那一刻已经发生，成为既定事实。

（二）与时俱进，关注“链”上的那些事儿

区块链这个中文词出现于2011年，但其实区块链对应的英文单词blockchain一直到2015年才正式出现。blockchain是一个合成词，由单词block（区块）和chain（链）组合而成，在英文版白皮书当中，blockchain这个单词从头到尾都没出现过，而是采用“chain of blocks”这个写法，吴忌寒①在2011年翻译的中文版白皮书中创新地把它翻译为区块链。而比特币与区块链的关系是：比特币是区块链的首个应用，区块链（或者说区块链技术）是比特币的底层技术。

区块链现在的发展程度就像当年互联网刚刚起步一样，区块链不仅是互联网的延伸，有可能还是互联网的迭代。区块链与互联网有着天然的不互补性：

1. 互联网用户越多越不安全，而区块链的节点越多则越稳定；

2. 互联网的神经网络是离散式的拓扑结构，区块链的神经网络则是线性

---

① 吴忌寒，男，北京人，比特大陆联合创始人，现任比特大陆CEO。

的链式牵引；

3. 互联网的无序熵增导致信息遗忘，而区块链则保持有熵不流失；

4. 互联网是在混乱中产生秩序，而区块链是在秩序中链接混乱。

如果说互联网为人们带来的是一个信息碎片化时代，那么区块链就是在重整人类的线性思维。

（三）区块链的撒手锏——智能合约

“智能合约”的概念最早由学者尼克·萨博提出，是“执行合同条款的计算机化交易协议”。[①] 区块链的诞生使萨博的这一设想最终落地，借助区块链分布式账本技术不可篡改和去中心化的特征，智能合约以计算机代码的形式被编入区块链中，一旦提前设计的事件发生，便自动触发智能合约的执行，自动履行智能财产，而不再以法律强制力为背书。为了便于理解可以将智能合约简单理解为“If...then...”句式。

举个例子，甲将售卖商品 A 的信息发布到区块链上。乙看到后计划购买该商品，便将一笔货币转入区块链上的虚拟托管账户。双方编写好代码后，设定的条件一旦被验证，软件自动将所约定的标的商品转交于乙，而托管账户也会根据乙的指令信息将货币释放至甲。[②] 而简单理解，智能合约就是可以自动执行的合同。在区块链 1.0 的比特币时代，只是实现了交易记录的不可篡改，有了智能合约的以太坊（区块链 2.0），才真正做到了去“信任中介”，不需要第三方做担保。

现在，北京互联网法院的天平链已经在执行程序上部署了智能合约程序，当事人已经可以“一键（申请）执行”，不必再重复传统法院的开具生效证明、递交材料、申请执行的老路。

---

① Nick Szabo, Smart Contracts, http: //fon.hum.uva.nl/rob/Courses/InformationalnSpeech/CDROM/Literature/LOTwinterschool2006/sz-abo.best.vwh.net/smart.contracts.html, January 3, 2019.

② 王延川：《智能合约的构造与风险防治》，载《法学杂志》2019 年第 2 期，第 44 页。

案例三

域外证据的审核认定

——在著作权案件中如何审查域外证据

伊然[①]

案情回顾

（一）热门短视频被控侵权

随着当前移动互联网的大范围普及，刷“抖音”、逛B站、看直播已经成为大家喜闻乐见的新兴娱乐方式。当前网络短视频正处于蓬勃发展的阶段，各种各样的短视频节目、短视频APP，丰富了人们的精神生活，同时也催生了一大批优秀的视频博主与网络大V。最近某著名MCN[②]推广机构制作了一期短视频，一经发布就引来大量网友围观，视频播放近600万次，转发近4万次，评论超5万次，点赞近3万次。正在大家津津乐道该视频的趣味性时，北京音之为公司将制作该短视频的春之雷公司告上了法庭，声称该短视频的背景音乐使用了其享有著作权的音乐作品，要求春之雷公司赔偿其经济损失。

（二）一份来自域外的视频证据是否应该采信？

虽然音之为公司发起的诉讼在网络上一时成为人们津津乐道的话题，但是法庭还是需要依据原、被告双方提交的证据进行审理。庭审在有条不紊地推进，案件事实情况随之也逐渐明了。原来音之为公司的音乐是经域外一家公司授权而来，许多证据都是来自域外，按照规定，从域外获取的某些证据

① 北京互联网法院立案庭法官。

② MCN（Multi-Channel Network），即多频道网络，一种多频道网络的产品形态，是一种新的网红经济运作模式。这种模式将不同类型和内容的专业生产内容联合起来，在资本的有力支持下，保障内容的持续输出，从而最终实现商业的稳定变现。

需要经过有关机关认可后才能被法院采信。在庭审中，被告春之雷公司认可他们确实在制作的短视频中使用了音之为公司声称有权利的歌曲，但是被告指出音之为公司的一项证明其权利的视频证据来自域外，按照规定，来自域外的证据应当经过国外和国内的公证，现在音之为公司没有按照要求提交证据，因此对该证据不予质证。

可以说案件审理进行到此已经非常关键了，因为是否对该份视频证据进行采信，直接关系到判决的走向。经过深思熟虑之后，法院作出的判决书中对该证据进行了采信，理由是虽然该证据来自域外，但是根据相关法律的规定，对于某些域外证据，即使当事人没有进行公证，法院也并非一律认定其无效，应当结合证据的类型和案件的事实情况进行审查。在本案中，音之为公司提供的该视频证据虽然来自域外，没有履行相应的公证证明手续，但是因为视频具有很高的还原性，再加上视频中所展示的情况能够与本案的其他证据相互印证，所以法院最终采纳了该证据。法院经审理认定音之为公司享有该背景音乐的录音录像制作者权，被告在短视频中未经许可使用该背景音乐的行为构成侵权，应当承担赔偿责任。

本案的裁判涉及如何审查认定域外证据的问题，那么，对于来自域外的证据应该如何审查其效力，如何在域外进行取证，在域外取证的证据能不能得到法院支持呢？

法理分析

（一）什么是录音录像制作者权？

录音录像制作者权在著作权法上属于一种邻接权，其主体包括录音制作者及录像制作者，权利客体包括录音制品及录像制品，常见的录音制品如音乐专辑、CD 唱片等。录音录像制作者对其制作的录音录像制品，享有许可他人复制、发行、出租、通过信息网络向公众传播并获得报酬的权利。我们知道著作权法上的作品具有独创性，体现了创作者的劳动成果，因而受到保护。但是录音录像制作者为什么需要保护呢？因为通常来说作品能够获得广泛的流传固然与创作人的创作活动密不可分，但是作品创作后需要通过各种方式进行流通，才能为大家所知悉、欣赏、评价，其中优秀的作品才能获得广泛的流传。就拿我们熟悉的音乐歌曲来说，负责对音乐作品进行传播的角色有许多，如众多的唱片公司，随着互联网发展出现的各种音乐平台公司，正是通过这些中间传播者的努力，一曲曲优美的歌曲才能为我们所知悉、传唱。但是，唱片公司制作唱片是需要很高成本的，首先其需要取得音乐著作权人的许可，向著作权人支付一笔许可使用费，之后唱片公司需要聘请音乐表演人员进行演奏，提供演唱歌曲的场所如录音棚等，还需要对录制的作品进行后期制作，在这个过程中，可以说唱片公司付出了相当高的成本。如果不对其录制完成的录音进行保护，任由其他公司进行不付费的拷贝，就会打击付出成本进行录音的唱片公司的积极性，导致市场中没有人愿意充当录音制作人。基于此，法律对录音制作者的劳动成果进行保护，规定其享有录音录像制作者权。

那么录音录像制作者都享有什么权利呢？我国的《著作权法》（2010 修正）第四十二条[①]规定："录音录像制作者对其制作的录音录像制品，享有许可他人复制、发行、出租、通过信息网络向公众传播并获得报酬的权利；权利的保护期为五十年，截止于该制品首次制作完成后第五十年的 12 月 31 日。被许可人复制、发行、通过信息网络向公众传播录音录像制品，还应当取得著作权人、表演者许可，并支付报酬。"可见，录音录像制作者享有四项权利，他人未经许可不得采用盗版的方式对录音录像作品进行复制、售卖、出租以及上传至网络，否则需要承担相应的责任。

---

① 《著作权法》（2020 修正）第四十四条规定："录音录像制作者对其制作的录音录像制品，享有许可他人复制、发行、出租、通过信息网络向公众传播并获得报酬的权利；权利的保护期为五十年，截止于该制品首次制作完成后第五十年的 12 月 31 日。被许可人复制、发行、通过信息网络向公众传播录音录像制品，应当同时取得著作权人、表演者许可，并支付报酬；被许可人出租录音录像制品，还应当取得表演者许可，并支付报酬。"

（二）法院如何审查域外证据效力？

上述案例中最关键的问题是如何审查音之为公司提供的域外证据，关于域外证据，我国民事诉讼法律及证据规则作出了规定。《民事诉讼法》第二百六十四条规定：“在中华人民共和国领域内没有住所的外国人、无国籍人、外国企业和组织委托中华人民共和国律师或者其他人代理诉讼，从中华人民共和国领域外寄交或者托交的授权委托书，应当经所在国公证机关证明，并经中华人民共和国驻该国使领馆认证，或者履行中华人民共和国与该所在国订立的有关条约中规定的证明手续后，才具有效力。”

《最高人民法院关于适用〈中华人民共和国民事诉讼法〉的解释》第一百零四条规定：“人民法院应当组织当事人围绕证据的真实性、合法性以及与待证事实的关联性进行质证，并针对证据有无证明力和证明力大小进行说明和辩论。能够反映案件真实情况、与待证事实相关联、来源和形式符合法律规定的证据，应当作为认定案件事实的根据。”

于 2020 年 5 月 1 日起施行的《最高人民法院关于民事诉讼证据的若干规定》第十六条规定：“当事人提供的公文书证系在中华人民共和国领域外形成的，该证据应当经所在国公证机关证明，或者履行中华人民共和国与该所在国订立的有关条约中规定的证明手续。中华人民共和国领域外形成的涉及身份关系的证据，应当经所在国公证机关证明并经中华人民共和国驻该国使领馆认证，或者履行中华人民共和国与该所在国订立的有关条约中规定的证明手续。当事人向人民法院提供的证据是在香港、澳门、台湾地区形成的，应当履行相关的证明手续。”

综合以上规定可以看出，对于域外证据，并非一定要求办理公证、认证和证明手续。当事人提供的域外证据，法院应根据不同情况分别处理：（1）对证明身份关系的证据，应要求当事人依法履行相关的公证、认证或者其他证明手续；（2）对除证明身份关系以外的其他证据，提供证据的一方当事人可以自行选择是否办理公证、认证或者其他证明手续，但法院为查明事实认为确需办理的除外。上述案例中，对于一项来自域外的视频证据，虽然被告提出该证据来自域外，需要进行公证认证，但是法院考虑到该证据并不涉及身份关系，并且视频证据具有较强的客观性等因素，结合其他证据最终采信了该视频证据。

（三）著作权案件中的举证规则是什么？

我们知道民事诉讼中大部分举证遵循“谁主张，谁举证”的原则，那么著作权案件中的举证规则是怎样的呢？一般来说，著作权案件的审理也基本遵循民事案件的举证规则，主张权利的音之为公司需要提供权属证据来证明其对案件中的音乐作品、录音制品享有相应的权利，另外还需要证明被告通过将这些作品上传至网络，以一种盗版的方式侵犯了其权利。因此，音之为公司在提起诉讼之前需要准备权利归属的证据以及对方侵权的证据。被告在诉讼中如果认为自己的行为没有侵权，则需要提供相应的证据，一方面可以主张音之为公司对提起诉讼的作品不享有相应的著作权权利，但是只有主张是不够的，还需要提供充分的证据来否定音之为公司证明权利归属的证据。另一方面，对于是否构成侵权，被告可以从自己并不存在侵权行为、使用行为构成合理使用、法定许可不承担侵权责任等角度进行抗辩，并且围绕自己的抗辩提交有力的证据。

知识拓展

（一）知识产权国际公约有哪些？

涉及著作权的国际公约主要有《保护文学和艺术作品伯尔尼公约》《世界版权公约》《与贸易有关的知识产权协议》《世界知识产权组织版权条约》《世界知识产权组织表演和录音制品条约》《保护录音制品制作者防止未经许可复制其录音制品公约》，上述条约我国均已加入，另外我国法律中也有国际保护的内容，《著作权法》第二条规定：“中国公民、法人或者非法人组织的作品，不论是否发表，依照本法享有著作权。外国人、无国籍人的作品根据其作者所属国或者经常居住地国同中国签订的协议或者共同参加的国际条约享有的著作权，受本法保护。外国人、无国籍人的作品首先在中国境内出版的，依照本法享有著作权。未与中国签订协议或者共同参加国际条约的国家的作者以及无国籍人的作品首次在中国参加的国际条约的成员国出版的，或者在成员国和非成员国同时出版的，受本法保护。”可见我国对于外国人、无国籍人的著作权保护范围是非常广泛的，即使其所在国家没有同我们国家签订协议，只要在我国境内出版或者在与我国签订协议或者参与的国际条约的成员国出版，也受到我国著作权法的保护。因此，对于外国人以及无国籍人的作品，我们在使用的时候也应慎重，避免因为未经许可使用作品侵犯他人的著作权。

（二）国外的判决书在我国效力如何？

《民事诉讼法》第二百八十一条规定：“外国法院作出的发生法律效力的判决、裁定，需要中华人民共和国人民法院承认和执行的，可以由当事人直接向中华人民共和国有管辖权的中级人民法院申请承认和执行，也可以由外国法院依照该国与中华人民共和国缔结或者参加的国际条约的规定，或者按照互惠原则，请求人民法院承认和执行。”该法第二百八十二条规定：“人民法院对申请或者请求承认和执行的外国法院作出的发生法律效力的判决、裁定，依照中华人民共和国缔结或者参加的国际条约，或者按照互惠原则进行审查……”因此，如果我国公民在国外法院得到了一份生效判决，这份判决并不会必然适用于我国，国外的生效判决要想得到我国法院的承认和执行，应向我国有管辖权的中级人民法院申请，并由该法院依法进行审查。

（三）著作权侵权后需要承担哪些责任？

根据我国法律规定，侵犯著作权后需要承担民事责任，包括停止侵害、消除影响、赔礼道歉、赔偿损失等。关于赔偿损失的数额，《著作权法》第五十四条规定了侵权赔偿金的计算标准：“侵犯著作权或者与著作权有关的权利的，侵权人应当按照权利人因此受到的实际损失或者侵权人的违法所得给予赔偿；权利人的实际损失或者侵权人的违法所得难以计算的，可以参照该权利使用费给予赔偿。对故意侵犯著作权或者与著作权有关的权利，情节严重的，可以在按照上述方法确定数额的一倍以上五倍以下给予赔偿。权利人的实际损失、侵权人的违法所得、权利使用费难以计算的，由人民法院根据侵权行为的情节，判决给予五百元以上五百万元以下的赔偿。赔偿数额还应当包括权利人为制止侵权行为所支付的合理开支。”除需要承担民事责任外，如果侵犯著作权的行为同时损害公共利益，著作权行政管理部门可以责令停止侵权行为，没收违法所得，没收、销毁侵权复制品，并可处以罚款；情节严重的，著作权行政管理部门还可以没收主要用于制作侵权复制品的材料、工具、设备等；情节严重的还可能承担刑事责任，我国《刑法》第二百一十七条规定了侵犯著作权罪，构成该罪的最高可判处三年以上十年以下有期徒刑。

（四）什么是证据的“三性”？

在庭审过程中，有一个重要的环节是法庭调查，在该环节，原被告双方在法官的主持之下展示自己的证据，并对对方的证据提出自己的意见，但是发表意见需要围绕一个主线进行，这个主线就是证据的“三性”，即客观性、关联性、合法性。证据的客观性，是指诉讼证据必须是能证明案件真实的、不依赖于主观意识而存在的客观事实。以著作权案件来说，音之为公司提供了一份著作权登记证书，如果有证据证明登记证书是伪造的，那就可以从真实性方面发表质证意见。证据的关联性，是指作为证据的事实不仅是一种客观存在，而且必须与案件所要查明的事实存在逻辑上的联系，从而能够说明案件事实。在著作权案例中，如果对方想证明甲存在侵权行为，结果提供的证据材料中显示具体的侵权人不是甲，那么甲就可以从证据的关联性方面发表意见。证据的合法性，是指证据必须由当事人按照法定程序提供，或由法定机关、法定人员按照法定的程序调查、收集和审查。比如在诉讼中，一方当事人发现对方当事人的一项证据是外文证据，但是没有附中文译本，就可以从证据的合法性方面发表意见。因此，当我们参加法庭审理的时候，要牢牢围绕证据的“三性”发表自己的意见，这样就可以轻松地进行质证了。

普法提示

（一）域外授权要获得齐全的材料

目前许多公司可能会存在向域外某些公司或者个人购买音乐作品、文字作品等情况。但是，由于在获取授权的时候并没有充分的证据意识，不注意留存作品权属的相关证据，导致在日后维权的时候还需要付出大额交通费、食宿费等去国外补充证据，而这些为了补强证据支出的费用不会被法院认定属于必要的合理支出，需要自己负担。因此在获取相关授权的时候一定要保存好相应的授权材料，避免在日后维权的时候付出不必要的支出。

（二）域外证据的取证注意事项

来自域外的证据需要法院对其效力进行审查，因此如果诉讼所需的材料是来自域外的证据，要进行自我审查，如果该证据是证明身份关系的证据，要看其有没有经过相关的公证、认证或者具备其他证明手续；对其他证据，需要结合有关证据决定是否办理相关的公证、认证或者其他证明手续，但法院为查明事实认为确需办理的除外。

此外，如果获取的域外证据不是中文的，需要经过专业的翻译机构将其翻译为中文。关于翻译机构，目前来说法律没有具体规定和限制，一般可以选择域外翻译机构或者国内翻译机构，最好选择国内具有翻译资质的机构，操作起来比较方便。若双方当事人对翻译内容有异议，根据《最高人民法院关于适用〈中华人民共和国民事诉讼法〉的解释》第五百二十七条第二款的规定，“当事人对中文翻译件有异议的，应当共同委托翻译机构提供翻译文本；当事人对翻译机构的选择不能达成一致的，由人民法院确定”。

（三）版权保护意识牢记心间

当前，自媒体行业正在蓬勃发展，公众号、抖音、各种网络直播为人们提供了展示自我的平台，许多用户喜欢将自己制作的短视频、写作的文章发布在网络上供大家围观。但是，近来许多公众号的作者因为没有版权保护意识，将网上下载的图片作为插图进行使用，这种行为实际上侵犯了他人对享有著作权的图片作品的信息网络传播权。再如，许多短视频制作者为了增加视频的趣味性，将音乐歌曲植入其中作为背景音乐，这种行为也可能涉嫌侵犯他人的著作权。在此提醒大家在网络活动中一定要增强版权保护意识，以免给自己造成不必要的损失。

案例四

“微信红包”应用软件页面是否具有独创性？

——兼评著作权法与反不正当竞争法的保护边界问题

李明穚[①]

案情回顾

在我国，收发“微信红包”已经成为人们日常生活的一种习惯，也是逢年过节时一项必不可少的活动。据统计，2019 年春节期间已经有 8.23 亿人参与过收发“微信红包”的活动。但是你能想到在偌大的应用市场中，有和“微信红包”相同或者相似的电子红包吗？

今天要说的这个案例，就是被告运营的软件中使用了与原告相类似的红包作品，导致被诉至法院的事例。

我们先了解一下原被告的基本情况。

原告一腾云公司是微信应用软件、“微信红包”相关页面的著作权人，后又授权原告二腾雾公司运营和专有使用上述软件。被告吹牛公司是吹牛应用软件的著作权人和运营者，该软件主要用于社交聊天和购买游戏装备。

（一）“微信红包”被抄袭

首先，我们先看一幅对比图片，考考大家的眼力。

① 北京互联网法院综合审判一庭聘任制法官助理。

观察上述对比图，大家发现二者有什么区别呢？很明显，上述两类红包构成实质性相似。那么，这几幅图片会受到著作权法保护吗？

二原告诉称，其发现被告运营的吹牛软件提供的三款电子红包收发服务中，使用了与二原告“微信红包聊天气泡和开启页”相关页面（包括微信红包聊天气泡的未领取页和已领取页、微信红包开启页的未点开页和已点开页）相类似的设计。故二原告主张被告侵害了其信息网络传播权。

被告辩称，在原告进行作品登记前，已有大量相同或近似的电子红包公开发表，故原告主张的“微信红包聊天气泡和开启页”相关页面不具有独创性。而且仅凭作品登记证书不能证明原告享有著作权。

那么，“微信红包聊天气泡和开启页”相关页面是作品吗？具有独创性吗？被告的行为是否构成侵权呢？

（二）“微信、微信红包”应用软件页面设计被模仿

接下来，我们再来看两组应用软件整体页面和电子红包页面设计对比图。

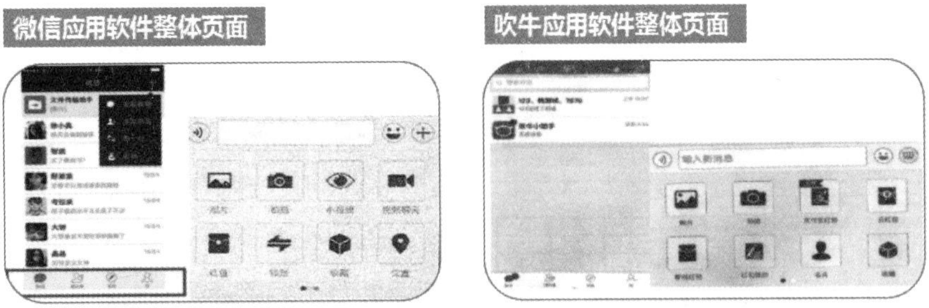

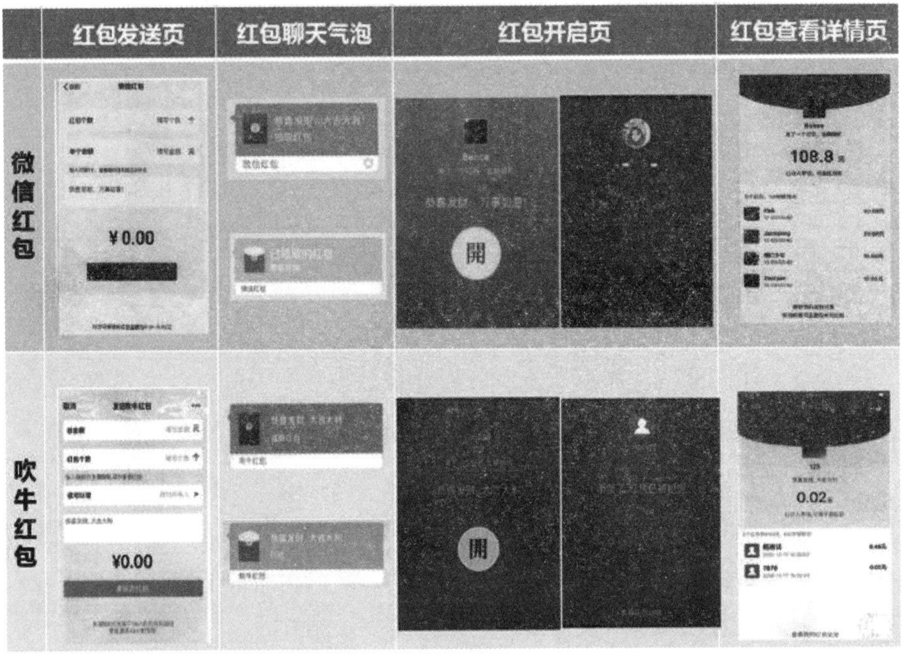

观察上述两组应用软件页面设计对比图，大家是不是有种大同小异的感觉呢？这两组应用软件页面设计会受反不正当竞争法法律调整吗？

二原告诉称，被告使用了与微信应用软件整体页面、“微信红包”相关页面（包含微信红包发送页、聊天气泡页、红包开启页、红包查看详情页）相类似的有一定影响的装潢，极易造成公众混淆和误认。被告吹牛公司通过搭便车谋取不正当利益的行为构成不正当竞争。故请求法院判令被告停止侵害著作权和不正当竞争行为，消除影响，赔偿经济损失及合理支出共计 450 万元。

被告辩称，原告的主体不适格。被告已经对不同类型的红包进行了明显字样标示，被告从未宣传其运营的软件与微信应用软件存在关联，故相关公众不会对二者产生混淆或误认。“微信红包”仅仅是微信应用软件中的一个服务模块，用户在使用“微信红包”时，不会出现微信整体页面。故“微信红包”相关页面和微信整体页面均不构成有一定影响的装潢。请求法院驳回原告的全部诉讼请求。

那么，微信整体页面和“微信红包”相关页面是否受到著作权法和反不正当竞争法的双重保护呢？是否构成有一定影响的装潢呢？

（三）争议焦点

通过分析原告的诉称和被告的辩称内容可知，本案的争议焦点如下：

1. 涉案“微信红包聊天气泡和开启页”相关页面是否具有独创性，是否构成作品；

2. 原告的双重保护诉求能否支持。

法理分析

（一）“微信红包聊天气泡和开启页”相关页面是否具有独创性，是否构成作品？

根据我国《著作权法实施条例》第二条、第四条相关规定可知，作品是指文学、艺术和科学领域内具有独创性并能以某种形式复制的智力成果；而美术作品是指绘画、书法、雕塑等以线条、色彩或者其他方式构成的有审美意义的平面或者立体的造型艺术作品。

从整体上看，涉案“微信红包聊天气泡和开启页”相关页面的颜色与线条的搭配、比例，图形与文字的排列组合，均体现了创作者的选择、判断和取舍，展现了一定程度的美感。本案中，“微信红包聊天气泡和开启页”相关页面具有独创性，构成作品。

虽然大多数电子红包的创作元素源于实体红包，也采用了红色、长方形等传统实体红包的基本设计元素，但是涉案“微信红包聊天气泡和开启页”相关页面在颜色搭配与变化，文字、线条、图形的排列组合与位置设计等方面和其他电子红包均存在差异，这正体现了不同创作者的独创性表达。所以说，融入智力成果的“微信红包聊天气泡和开启页”相关页面具有独创性，构成作品。

（二）涉案“微信红包”相关页面能否受到著作权法和反不正当竞争法双重保护？

我国《著作权法》第一条规定：“为保护文学、艺术和科学作品作者的著作权，以及与著作权有关的权益，鼓励有益于社会主义精神文明、物质文明建设的作品的创作和传播，促进社会主义文化和科学事业的发展与繁荣，根据宪法制定本法。”

我国《反不正当竞争法》第一条规定：“为了促进社会主义市场经济健康发展，鼓励和保护公平竞争，制止不正当竞争行为，保护经营者和消费者的合法权益，制定本法。”

可知，著作权法是对作品创作和传播中产生的专有权利的保护，而反不正当竞争法是对经营中产生的竞争利益的保护，二者保护的利益并不重合。故对于不重合的部分法益，应当由相应的法律进行保护。

本案中，由于原告主张“微信红包”相关页面构成有一定影响的装潢，具有识别商品来源的作用，其寻求商业标识保护的诉求，与其主张著作权法保护的利益不同，因此原告可以在著作权法之外同时寻求反不正当竞争法的保护。

知识拓展

在本章节中，首先会继续对著作权法与反不正当竞争法的双重保护问题进行详细阐述。其次，在本案审理过程中，还有许多可以挖掘的可供讨论的焦点问题。比如：不负责运营微信应用软件的腾云公司是否属于反不正当竞争诉讼的适格原告？该判决还回应了“有一定影响的装潢”的认定问题，即对于某一种商品标识是否属于“有一定影响的装潢”的问题，可以考虑从“能否起到识别服务来源的作用”的角度进行分析。最后，对《反不正当竞争法》第二条规定的适用条件进行了更进一步的探讨。

（一）深层次分析著作权法与反不正当竞争法的保护边界问题

对于著作权法与反不正当竞争法的保护边界问题，无论是学术界还是实务界均存在不同观点。一种观点认为如果著作权法保护和反不正当竞争法保护存在竞合的情形，应当先考虑是否可以获得著作权法的保护，如无法受到著作权法保护，方能诉诸反不正当竞争法的保护。① 也有观点认为二者不存在竞合，都有各自要重点保护的法益。

现代意义上的反不正当竞争法起源于侵权法的一般规定。② 根据我国《侵权责任法》（现已失效）和《反不正当竞争法》的立法宗旨可知，二者的保护对象均是合法权益。权利和权益是两个不同的概念，后者的外延要更广泛。反不正当竞争法是对权利之外的利益进行保护。③

2013 年，最高人民法院也对知识产权专门法和反不正当竞争法之间的关系作出了论述，即“反不正当竞争法补充保护作用的发挥不得抵触知识产权专门法的立法政策，凡是知识产权专门法已作穷尽性规定的领域，反不正当竞争法原则上不再提供附加保护，允许自由利用和自由竞争，但在与知识产权专门法的立法政策相兼容的范围内，仍可以从制止不正当竞争的角度给予保护”。④

---

① 常 ×× 与北京 ×× 视觉网络科技股份有限公司侵害著作权及反不正当竞争纠纷，（2018）京 73 民终 1472 号民事判决书。

② 谢晓尧：《在经验与制度之间：不正当竞争司法案例类型化研究》，法律出版社 2010 年版，第 151 页。

③ 董晓敏：《〈反不正当竞争法〉一般条款的适用》，知识产权出版社 2019 年版，第 64 页。

④ 参见《最高人民法院关于充分发挥知识产权审判职能作用推动社会主义文化大发展大繁荣和促进经济自由协调发展若干问题的意见》第 24 条。

可见，适用法律的过程中，既要激励创新，又要鼓励公平竞争。对于已经受到著作权法保护的对象，并不必然导致其被反不正当竞争法排除保护。如果符合反不正当竞争法独立的保护价值，仍可依据反不正当竞争法进行规制。

著作权法保护的是作者的权利，反不正当竞争法保护的是经营者的合法权益，更宏观地讲是对市场秩序的保护和对商业道德的引导。因此，在考虑著作权保护与不正当竞争保护之间的关系时，可以考虑是否产生了独立于著作权法保护政策的新价值，比如成为有影响的商品或者服务等，[①] 同时还应当符合不正当竞争行为的侵权构成要件。

公平的市场竞争鼓励正当的诚信劳动经营行为，反对不劳而获的搭便车行为。本案中，虽然涉案"微信红包"相关页面中的部分页面已经受到著作权法保护，但是这种保护是有限的。对于构成有一定影响的装潢，可以通过标记类经营成果在反不正当竞争法中进行保护，二者并不冲突。

（二）不负责运营微信软件的腾云公司是否为反不正当竞争诉讼的适格原告？

根据《反不正当竞争法》第二条的规定，不正当竞争行为是指经营者在生产经营活动中，违反本法规定，扰乱市场竞争秩序，损害其他经营者或者消费者的合法权益的行为。

本案中，法官认为根据我国《民事诉讼法》第一百一十九条的规定，原告须为与本案有直接利害关系的主体。在不正当竞争法律关系中，判断某一主体与涉诉行为是否有"直接利害关系"，应当从被控不正当竞争行为是否

---

① 武汉 ×× 文化艺术发展有限公司、黄 ×× 与刘 ××、叶 ××、上海拾 × 影业有限公司、上海因 × 电影有限公司、北京 ×× 首映文化有限公司、×× 文创（北京）科技发展有限公司、南京 ×× 影视文化传播有限公司、上海鸣 × 影业有限公司、上海三 ×× 影业有限公司、霍尔果斯 ×× 影视传媒有限公司、浙江 ×× 影视城有限公司、×× 时代文化传播（北京）有限公司、北京 ×× 影视文化有限公司、上海 ×× 计划影视文化有限公司、北京 ×× 影视传媒有限公司、上海 ×× 影视传播有限公司、×× 新沂有限公司著作权侵权及不正当竞争纠纷，（2018）鄂 01 民初 5015 号民事判决书。

直接损害特定经营者的利益进行考量。如果特定经营者未因其他经营者的竞争行为而遭受合法利益的损害，则难以认定该特定经营者与本案具有直接的利害关系。

需要强调的是，这里所说的“利益”应为竞争利益，主要体现为对客户群体、交易机会等市场资源的争夺中所存在的利益。根据查明的事实，腾云公司系微信应用软件的著作权人，腾雾公司系微信应用软件的运营主体。腾云公司虽然是著作权人，但并非上述软件和服务的经营者。该公司既不经营，也未使用过其主张的商业标识，不能对其享有经营的利益。而且即便该公司对其主张的相关页面享有利益，也不是基于其经营中的劳动行为产生。故腾云公司无法就微信应用软件以及“微信红包”与被告进行市场资源的争夺，被控侵权行为不会给其造成竞争利益的损害。

因此，不负责运营微信软件的腾云公司不是反不正当竞争诉讼的适格原告。

（三）“微信红包”相关页面及微信整体页面是否构成有一定影响的装潢，以及被告的行为是否构成不正当竞争行为？

根据《反不正当竞争法》第六条第一项的规定，经营者不得擅自使用与他人有一定影响的商品名称、包装、装潢等相同或者近似的标识，引人误认为是他人商品或者与他人存在特定联系。

在商品种类日益多样化的今天，对于《反不正当竞争法》规定的“装潢”的理解，不应局限于商品的装潢，还应包含服务的装潢。本案中，腾雾公司运营的微信应用软件是社交服务平台，其中的“微信红包”功能，进一步为用户提供了收发电子红包的服务。“微信红包”相关页面及微信整体页面共同构成了上述服务的整体形象，其相关页面附加的文字、图案、色彩及其排列组合，具有美化服务的作用，应当属于装潢。但是否属于“有一定影响的装潢”需要具体分析。

首先，涉案“微信红包”相关页面构成《反不正当竞争法》规定的“有一定影响的装潢”。理由是“微信红包”服务自推出以来，经过长期、持续、广泛的推广，被多家媒体进行报道，取得了良好的宣传效应，并得到用户的广泛欢迎和应用，连续多年在春节期间收发量达到数百亿。涉案“微信红包”相关页面的风格选择、整体布局、色彩搭配形成了独特的设计组合。（见下图）

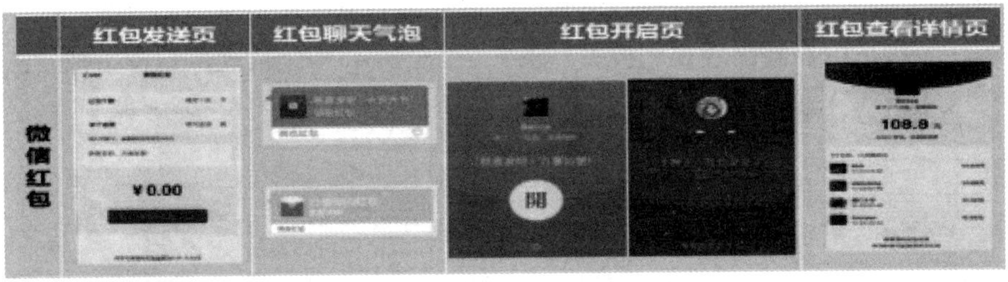

随着微信的广泛普及和“微信红包”的广泛使用，上述“微信红包”相关页面设计已经对社会公众产生了影响，使得相关公众能够将其与“微信红包”及其经营者联系起来，进而起到识别服务来源的作用。

其次，涉案微信整体页面不构成“有一定影响的装潢”。理由在于微信整体页面主要由搜索栏、好友聊天列表、功能栏（包括“微信”“通讯录”“发现”“我”）、聊天页面、图标等组成。（见下图）

上述微信应用软件页面设计仅是为了实现必要功能、便利操作、满足用户习惯等功能性要求，属于软件类产品的常规设计，并未体现出独特性，而且也没有与微信应用软件及其经营者形成相对稳定的指向性联系，因而不能起到区分服务来源的作用。

但是，本案中，被告在吹牛应用软件中运营电子红包服务时对原告的

"微信红包"相关页面进行了高度模仿行为。这种不正当地利用他人的劳动成果攫取竞争优势的行为，不仅会导致相关公众的混淆误认，同时也损害了正常的市场竞争秩序。若允许被告的上述行为广泛存在，必将损害行业的健康发展，不利于公平的市场竞争。因此，被告的相关行为构成不正当竞争，被告对此应当承担民事责任。

（四）要慎用《反不正当竞争法》第二条一般条款的规定，优先适用特别规定

我国《反不正当竞争法》第二条规定："经营者在生产经营活动中，应当遵循自愿、平等、公平、诚信的原则，遵守法律和商业道德。本法所称的不正当竞争行为，是指经营者在生产经营活动中，违反本法规定，扰乱市场竞争秩序，损害其他经营者或者消费者的合法权益的行为。本法所称的经营者，是指从事商品生产、经营或者提供服务（以下所称商品包括服务）的自然人、法人和非法人组织。"

大多数著作权侵权纠纷中，当事人会援引上述规定，寻求在反不正当竞争法领域的保护。但不是所有的主张都会得到法院的支持，因此在寻求救济的时候要慎用《反不正当竞争法》第二条的规定。

在本案审理过程中，原告主张若被控不正当竞争行为无法适用《反不正当竞争法》第六条第一项进行规制，应当依次适用《反不正当竞争法》第六条第四项以及第二条进行规制。对于《反不正当竞争法》相关法律条文的适用问题，法院也通过判决的形式作出了回应，即如果被诉行为已经被特别规定保护，那么无须考察适用其他条款。

有关《反不正当竞争法》第二条作为一般条款的适用指引问题，最高人民法院在（2009）民申字第1065号案件中给出了一个判断根据，认为适用该一般条款认定构成不正当竞争应当同时具备以下条件：一是法律对该种竞争行为未作出特别规定；二是其他经营者的合法权益确因该竞争行为而受到了实际损害；三是该种竞争行为因确属违反诚实信用原则和公认的商业道德而具有不正当性或者说可责性。虽然法院可以适用《反不正当竞争法》的一

般条款维护市场公平竞争，但是也应当注意严格把握适用条件，以避免不适当干预而阻碍市场自由竞争。凡是法律已经通过特别规定作出穷尽性保护的行为方式，不宜再适用《反不正当竞争法》的一般规定予以管制。

普法提示

小红包，大学问。本案是首例涉及“微信红包”著作权和不正当竞争纠纷的案件，并且入选 2019 年度国际知识产权保护协会（AIPPI）中国分会十大版权热点案件之一。

随着互联网技术的不断发展，各类应用软件进入各大应用市场，鱼龙混杂，令人眼花缭乱。对于互联网领域的新型客体，我们要保持开放保护的态度。对于构成独创性表达的应用软件页面，可作为美术作品予以保护；如果应用软件的相关页面设计构成“有一定影响的装潢”，则可适用《反不正当竞争法》予以保护。为了促进社会主义文化大发展大繁荣，司法审判机关要加大对文化创造者权益的保护力度，保障文化创造源泉充分涌流。市场主体要坚决反对抄袭、搭便车、不正当利用他人劳动成果的行为。我们要加大对科技成果的保护力度，鼓励创新和诚信经营的行为，倡导满足用户多元化需求的创作精神。“微信红包”案正是应用软件市场现状的一个缩影，我们要敢于对抄袭与搭便车的行为说“不”。

案例五

抄袭律师文章是否构成不正当竞争？

——解析知识产权专门法与反不正当竞争法原则条款的适用规则

赵晓畅[①]

案情回顾

（一）同行网站使用文章未署名，起诉侵权及不正当竞争

原告张飞飞系北京明铸律师事务所律师，他倾注大量心血及智力创作了一篇法律专业文章《房地产开发律师实务问题研究》，并分别于2017年1月、2018年2月在其微信公众号、今日头条账号上发布该文章，文章自公开发表以来，受到阅读者极大认可。2018年4月，张飞飞发现北京东武律师事务所（以下简称东武律所）将此文章公开发布于其运营网站，用作商业宣传，并未为张飞飞署名。张飞飞认为，东武律所网站首页使用自己的文章且未署名，构成对自己署名权、信息网络传播权的侵犯，同时，东武律所在此文章中进行商业宣传，百度搜索“划拨土地开发房地产律师”等字眼，搜索结果第一页显示东武律所网站链接，将流量导向了东武律所，事实上已部分达到东武律所在侵权文章中大力宣传的“找房地产咨询律师，就找东武律师事务所”的商业目的，构成不正当竞争。故张飞飞诉至法院，请求判令东武律所停止侵权行为，在其网站上公开道歉并赔偿其经济损失及合理费用30万余元。

东武律所辩称，涉案文章不具有创新性及新颖性，该文章在新浪微博上发表时合计1812字，其中包含多个法条，原告自行总结并给出的结论性内容并不多；而且，张飞飞的新浪微博从开设起近十年来总访问量为869次，涉案文章涉及的博客阅读量为65次及117次，影响力较小；同时，该文章仅是

---

① 北京互联网法院综合审判一庭法官。

对房地产政策及相关法条的简单分析，网上也同样存在大量与之近似的文章，单单从文章内容上，张飞飞并非对涉案文章倾注大量心血和智力，更谈不上其专业性被阅读者认可。东武律所将涉案文章放置于分享讨论学习区，转载涉案文章并非故意且不以营利为目的，在接到通知后，东武律所立刻删除了涉案文章，没有主观过错，也尽到了必要的义务。张飞飞主张在网站显著位置公开道歉，对被告造成的损失将远高于侵权行为对张飞飞造成的损失，且以张飞飞的博客访问量、微信访问量及涉案文章的质量，其几乎没有损失，东武律所也没有因此获利，张飞飞主张的30万余元经济损失没有法律依据。

（二）法院认为侵权成立但不构成不正当竞争

著作权属于作者，如无相反证明，在作品上署名的公民、法人或者非法人组织为作者。法院经审理认为，本案中，张飞飞在微信公众号“张飞飞论法律”中发布涉案文章，署名张飞飞，在无相反证据的情况下，可以认定张飞飞为涉案文章的作者，对涉案文章享有著作权，该权利应受到法律保护。未经张飞飞许可，东武律所在其网站使用涉案文章且未为原告署名，侵犯了原告就涉案文章享有的署名权和信息网络传播权，应承担赔礼道歉、赔偿损失的民事责任。赔礼道歉的方式、范围应与东武律所侵权行为的方式、影响相适应。

反不正当竞争法可以对知识产权专门法起到补充保护的作用，但反不正当竞争法的补充保护作用是有限的，在知识产权专门法对某一类行为已作出明确规定的情况下，应适用知识产权专门法进行调整，不应再适用反不正当竞争法原则条款进行调整。法院认为，东武律所的行为是著作权侵权行为，已经适用著作权法进行调整，张飞飞的利益亦通过著作权法设置的补偿机制予以充分补偿，因此，东武律所的行为并不构成《反不正当竞争法》第二条所规定的不正当竞争行为。故法院判令东武律所在其官方网站的首页显著位置发布致歉声明，赔偿原告经济损失及合理费用5000元，驳回张飞飞的其他诉讼请求。

法理分析

《反不正当竞争法》第二条第一款、第二款规定：“经营者在生产经营活动中，应当遵循自愿、平等、公平、诚信的原则，遵守法律和商业道德。本法所称的不正当竞争行为，是指经营者在生产经营活动中，违反本法规定，扰乱市场竞争秩序，损害其他经营者或者消费者的合法权益的行为。”反不正当竞争法可以对知识产权专门法起到补充保护的作用，但反不正当竞争法的补充保护作用是有限的，在知识产权专门法对某一类行为已作出明确规定的情况下，则应适用知识产权专门法进行调整，不应再适用反不正当竞争法原则条款进行调整。

本案中，深入分析张飞飞被损害的利益，均源于东武律所侵犯张飞飞著作权的行为。一方面，是东武律所侵犯张飞飞署名权的行为。涉案文章可以体现出张飞飞的业务能力，这其中潜藏交易机会，东武律所未为张飞飞署名，并在被控侵权文章尾部标注“找房地产咨询律师，就找东武律师事务所”字样，割裂了张飞飞与涉案文章的关联性，使张飞飞丧失了上述交易机会。通过侵权行为的停止和赔礼道歉的适用，涉案文章与张飞飞的关联性被昭示出来，使未来客户知晓涉案文章的真实作者，东武律所行为的负面效果自然消除，因此，通过保护署名权，弥补了张飞飞受到损害的上述利益。

另一方面，是东武律所侵犯张飞飞信息网络传播权的行为。对于一般的网络用户而言，搜索引擎是寻找网络信息的常用工具，在互联网上传播的信息通常可以通过搜索引擎搜索得来，因此通过搜索引擎这一常用工具找到涉案文章，是东武律所传播涉案文章的必然结果。虽然本案中东武律所链接的位置在搜索结果页面的第一页，但是该位置是自然搜索而非竞价排名的结果，因此基于搜索位置所获得的流量导入，并非因为东武律所实施了超过信息网络传播权所控制的其他行为。正因如此，东武律所使用涉案文章产生的利益，并未超过权利人可预见到的行使信息网络传播权所能产生的利益，而该利益损害可以通过信息网络传播权的损害赔偿金额得到充分补偿。综上，东武律所的行为是著作权侵权行为，已经适用《著作权法》进行调整，张飞飞的利益亦通过《著作权法》设置的补偿机制予以充分补偿，因此，东武律所的行为并不构成《反不正当竞争法》第二条所规定的不正当竞争行为，法院对于张飞飞关于不正当竞争部分的诉请不予支持。

知识拓展

（一）适用《反不正当竞争法》一般条款认定不正当竞争行为的条件与标准

凡是法律已经通过特别规定作出穷尽性保护的行为方式，不宜再适用《反不正当竞争法》的一般规定予以管制；对于竞争行为尤其是不属于《反不正当竞争法》第二章列举规定的行为的正当性，应当以该行为是否违反了诚实信用原则和公认的商业道德作为基本判断标准；在《反不正当竞争法》中，诚实信用原则主要体现为公认的商业道德；商业道德所体现的是一种商业伦理，是交易参与者共同和普遍认可的行为标准，应按照特定商业领域中市场交易参与者即经济人的伦理标准加以评判。由于市场竞争的开放性和激烈性，必然导致市场竞争行为方式的多样性和可变性，《反不正当竞争法》作为管制市场竞争秩序的法律，不可能对各种行为方式都作出具体化和预见性的规定。

在具体案件中，法院可以根据《反不正当竞争法》第二条的一般规定对那些不属于《反不正当竞争法》第二章列举规定的市场竞争行为予以调整，以保障市场公平竞争。自由竞争和公平竞争是市场经济的两个基本法则，二者各有侧重，互相平衡。虽然法院可以适用《反不正当竞争法》一般条款维护市场公平竞争，但应严格把握适用条件，以避免不适当干预而阻碍市场自由竞争。凡是法律已经通过特别规定作出穷尽性保护的行为方式，不宜再适用《反不正当竞争法》一般规定予以管制。因而，适用《反不正当竞争法》第二条的原则规定认定构成不正当竞争应当同时具备以下条件：一是法律对该种竞争行为未作出特别规定；二是其他经营者的合法权益确因该竞争行为而受到了实际损害；三是该种竞争行为因确属违反诚实信用原则和公认的商业道德而具有不正当性或者说可责性。

在规范市场竞争秩序的《反不正当竞争法》意义上，诚实信用原则更多是以公认的商业道德的形式体现出来的。商业道德要按照特定商业领域中市场交易参与者即经济人的伦理标准加以评判。特别是,《反不正当竞争法》所要求的商业道德必须是公认的商业道德，是指特定商业领域普遍认知和接受的行为标准，具有公认性和一般性。即使在同一商业领域，由于是市场交易活动中的道德准则，公认的商业道德也应当是交易参与者共同和普遍认可的行为标准，不能仅从买方或者卖方、企业或者职工的单方立场来判断是否属于公认的商业道德。具体到个案中的公认的商业道德，需要根据特定商业领域和个案情形具体确定，特定行业的一般实践、行为后果、交易双方的主观状态和交易相对人的自愿选择等都可能成为考虑因素。

（二）著作权侵权赔偿损失数额的具体计算方式

著作权属于作者，如无相反证明，在作品上署名的公民、法人或者非法人组织为作者，张飞飞作为涉案文章的作者，对涉案文章享有著作权，该权利应受到法律保护，未经其许可，东武律所在其网站使用涉案文章且未为张飞飞署名，侵犯了其就涉案文章享有的署名权和信息网络传播权，应承担赔礼道歉、赔偿损失的民事责任。

关于著作权侵权赔偿损失数额的具体计算方式,《著作权法》第五十四条第一款、第二款和第三款规定:“侵犯著作权或者与著作权有关的权利的，侵权人应当按照权利人因此受到的实际损失或者侵权人的违法所得给予赔偿；权利人的实际损失或者侵权人的违法所得难以计算的，可以参照该权利使用费给予赔偿。对故意侵犯著作权或者与著作权有关的权利，情节严重的，可以在按照上述方法确定数额的一倍以上五倍以下给予赔偿。权利人的实际损失、侵权人的违法所得、权利使用费难以计算的，由人民法院根据侵权行为的情节，判决给予五百元以上五百万元以下的赔偿。赔偿数额还应当包括权利人为制止侵权行为所支付的合理开支。”针对该条款的适用,《最高人民法院关于审理著作权民事纠纷案件适用法律若干问题的解释》第二十五条第二款规定:“人民法院在确定赔偿数额时，应当考虑作品类型、合理使用费、侵权行为性质、后果等情节综合确定。”此外，在确定损害赔偿数额时还应注意，不仅要充分发挥损害赔偿制度弥补权利人实际损失的功能，还要起到预防侵权行为的作用。[①]

知识产权侵权损害赔偿的认定以实际损失为主，法定赔偿为辅。后者是立法者考虑到知识产权实际损失难以计算的特点和权利人维权的现实困难，借鉴相关国家和地区的经验，根据我国的实际情况，为侵权损害赔偿的司法救济所作的补充安排。司法实践中知识产权侵权损害实际损失难以确定的原因是多方面的。首先，知识产权本身具有无形性，受到侵害时损失往往表现为市场份额、许可费收益的减少或丧失，具体数额难以计算和评估。[②] 其次，由于社会商业道德和诚信体系缺失等原因，企业财务账册和专业机构的评估结果难以采信。法院在原告申请下启动保全程序后，查封到的账册普遍存在残缺、虚假的情况，不能直接反映侵权产品的销售数量和侵权利润。国内专业无形资产（含知识产权）评估事务所进行的评估，往往结论互相矛盾，权威性不足，难以成为定案依据。此外，从现行诉讼制度和证据制度看，权利人对自己主张的市场份额减少或者许可使用费收入减少的数额需承担举证责任，客观存在困难和局限性。

酌定赔偿是法律技术的调和与妥协，是在侵权人的违法所得和被侵权人的实际损失所提证据不能被支持的情况下，引入强制管辖权法律干预，通过自由裁量权给予确定性的司法结果。[③] 法律赔偿制度主要体现在两方面：一是赔偿金额的法定，被侵权人所申请的赔偿金额范围为500元以上500万元以下。二是赔偿可以酌情，在司法实践中，法官根据具体情况，从保护著作权的目的和精神出发，在一个公平的效益原则下酌情适用。具体赔偿数额应考虑到：1. 作品类型，因为不同类型的作品价值差距和利润差距均很大，所以，作品类型是适用酌定赔偿首先要考虑的要素，也是考察其他因素的初步依据；2. 侵权行为性质，因侵权行为性质不同会导致承担责任的

---

① 徐春建、刘思彬、张学军：《知识产权损害赔偿的证据规则》，载《人民司法（应用）》2012年第17期，第38页。

② 陈舟：《对知识产权侵权案法定赔偿的几点建议》，载《电子知识产权》2003年第10期，第10页。

③ 朱鸿雁：《浅析知识产权侵权损害的赔偿》，载《天津科技》2006年第1期，第53页。

方式不同，在赔偿金额上亦会出现差距；3. 合理使用费，这是酌定赔偿要考虑的主要因素，因为权利人的损失往往表现为该情况下合理使用费的数额，最符合实际损失的基准；4. 权利人可能遭受的损失或侵权人可能获得的利益，权利人实际损失是确定赔偿额的基准，当其处于不确定状态时，需要法院充分估计其可能性，在判赔时予以酌定；5. 侵权人的过错程度，侵权人故意将权利人作品用于商业性宣传使用或者事实上为其带来较大的商业利益或其他利益的情况应作为酌定数额时的一项内容予以考虑；6. 本地区经济发展水平，虽不能单独作为一个考虑因素，但对作品价值和合理使用费用进行估算具有相当重要的现实性，法院不能过分脱离本地实际，应具有一定的地域公平合理性。

本案在案证据不能确定张飞飞的实际损失或者东武律所的违法所得，法院综合考虑多种因素依法酌情判定赔偿数额：1. 张飞飞的公证费支出，合理且必要，法院予以全额支持；2. 本案涉案文章系文字作品，《使用文字作品支付报酬办法》中基本稿酬标准可作为参考；3. 东武律所在其网站首页本所新闻处使用涉案文章未为张飞飞署名，并在该文章尾部标注指向自身的字样；4. 百度搜索引擎结果页面第一页显示东武律所网站链接。综合上述因素，法院按照基本稿酬标准的倍数确定东武律所向张飞飞赔偿经济损失 3000 元，合理支出 2000 元。

关于张飞飞申请法院责令东武律所提交涉嫌侵权至今之全部商业法律服务合同及财务收入账簿以确定东武律所侵权所得金额的请求，法院不予支持，原因在于：根据张飞飞提交的聊天记录截屏，即使是客户因涉案文章而向其咨询相关事务，但是最终是否可以代理案件收取费用，还要取决于其他更为重要的因素，张飞飞提交的证据并不构成东武律所侵权获利 30 万元及以上的初步证据。使用一篇文章与律所所签全部合同并不具有关联性，即使调取后进行筛选，亦不能说明与划拨土地相关的案件的签约系一篇文章之故。故张飞飞申请东武律所提交的证据与其证明目的的证成，不具有关联性，且与可能给被告带来的损害不成比例，因此，法院不予支持。

普法提示

（一）未经授权、未予署名转载文章侵犯署名权、信息网络传播权

著作权属于作者，如无相反证明，在作品上署名的公民、法人或者非法人组织为作者。未经作者许可，通过信息网络传播权利人作品且未予以署名，即侵犯权利人就该作品享有的署名权和信息网络传播权。

（二）法院综合考虑多种因素酌定赔偿损失数额

本案证据不能确定原告的实际损失或者被告的违法所得。因此，法院综合考虑原告的合理必要支出、《使用文字作品支付报酬办法》、在涉案文章中进行商业宣传、百度搜索引擎结果页面第一页显示被告网站链接，按照基本稿酬标准的数倍确定赔偿数额。

（三）在知识产权专门法已明确规定的情况下，不再适用反不正当竞争法原则条款进行调整

反不正当竞争法对知识产权专门法具有有限的补充保护作用。若在知识产权专门法对某一类行为已作出明确规定的情况下，则应适用知识产权专门法进行调整，不应再适用反不正当竞争法原则条款进行调整。[①]

（四）《反不正当竞争法》第二条在互联网市场背景下同样适用

经营者在市场交易中，应当遵循自愿、平等、公平、诚实信用的原则，遵守公认的商业道德。上述规定同样适用于互联网市场领域。认定行为是否构成不正当竞争，关键在于该行为是否违反了诚实信用原则和互联网行业公认的商业道德，并损害了他人的合法权益。

---

① 参见《最高人民法院知识产权案件年度报告（2010）》第四部分竞争案件审判第 25 条。

案例六

利用他人视频资源牟取经营利益是否构成侵权

——浅析侵害作品信息网络传播权的认定及知识产权侵权与不正当竞争行为的关系

张欣①

案情回顾

大腿视频公司经营着一个知名视频播放平台，为平台用户提供大量影视资源，包括许多独家播出的热门影视剧。小抱公司是一家创业公司，开发了一款名为“任你看”的 APP，为其用户提供视频播放服务。

大腿视频公司发现小抱公司在其经营的“任你看”APP 上，未经许可提供涉案影视作品的在线有偿播放，付费方式分别为：单片付费 1 元（可无限次观看本影片 3 天）、PLUS 会员月度卡 19 元、PLUS 会员季度卡 49 元、PLUS 会员年度卡 179 元。大腿视频公司认为小抱公司的行为侵害了其合法享有的信息网络传播权与获取版权收益的商业利益。另外，小抱公司通过登录购买的大腿视频公司 VIP 会员账号为其 APP 用户有偿提供大腿视频平台 VIP 会员播放服务的行为违反了《反不正当竞争法》第二条构成不正当竞争。为此，大腿视频公司将小抱公司诉至法院，请求法院判决小抱公司赔偿经济损失和合理开支共计 200 万元。

小抱公司辩称，“任你看”APP 未侵犯大腿视频公司享有的信息网络传播权。该 APP 使用的是内容搜索和推荐技术，只是采用了链接跳转播放的形式，本质上还是在大腿视频平台上播放影片，播放界面与大腿视频平台播放界面一致，并没有将涉案影片下载存储到服务器中。这种经营模式是“共享会员”的创新经济形式，共享的十余个会员账号也是通过合法途径购买并

---

① 北京互联网法院立案庭法官助理。

使用的，最大化地提升了用户体验，使得大腿视频平台会员的价值被充分利用，并增加了其平台的收入。大腿视频公司作为知名大平台主张小抱公司构成不正当竞争，实质上是为了打击创新型企业，搞市场垄断。

一审法院经审理认为，涉案影片的播放系小抱公司登录大腿视频公司网站 VIP 会员账号，访问大腿视频公司网站涉案影片的链接地址获取正版影片资源，因此将作品置于向公众开放的服务器中的直接行为人是大腿视频公司，而并非小抱公司，小抱公司仅实施了提供作品链接的行为，不构成对大腿视频公司信息网络传播权的直接侵害。同时，大腿视频公司享有涉案影片的信息网络传播权，也不存在直接侵权行为，故小抱公司的行为亦不构成帮助侵权。因此，小抱公司行为不构成对大腿视频公司作品信息网络传播权的侵害。

对于小抱公司是否构成不正当竞争。因双方均是提供互联网视频服务的经营者，在熟知互联网视频平台的经营方式和盈利模式情况下，小抱公司通过购买大腿视频公司 VIP 会员方式获取正版影片资源，向其经营的 APP 用户有偿提供会员服务，超出了大腿视频公司 VIP 会员的使用权限，具有明显的“搭便车”特点，有恶意利用他人商业资源及竞争优势牟利的故意。所谓“共享经济”应以各方的互利共赢为前提，以不得损害他人的合法权益为边界，因此小抱公司的行为并不是“共享经济”模式，损害了大腿视频公司的合法权益，不符合诚信原则和互联网行业公认的商业道德，构成不正当竞争。

一审法院最终作出如下判决：小抱公司赔偿大腿视频公司经济损失 1946000 元，合理开支 54000 元，驳回大腿视频公司其他诉讼请求。

那么，什么样的行为会构成侵犯作品信息网络传播权，又在什么情形下构成不正当竞争，不正当竞争与侵犯著作权的行为之间有什么关系，如何甄别“共享经济”模式？在下文中我们会逐一讨论。

法理分析

（一）信息网络传播权

信息网络传播权是一项重要的财产性著作权，根据《著作权法》第十条第一款第十二项的规定，是指以有线或者无线方式向公众提供作品，使公众可以在其选定的时间和地点获得作品的权利。

根据《著作权法》第五十三条第一项的规定，未经著作权人许可，通过信息网络向公众传播其作品的，应当承担民事责任。《最高人民法院关于审理侵害信息网络传播权民事纠纷案件适用法律若干问题的规定》第三条更为具体地规定了侵害作品信息网络传播权的行为方式，即“网络用户、网络服务提供者未经许可，通过信息网络提供权利人享有信息网络传播权的作品、表演、录音录像制品。……通过上传到网络服务器、设置共享文件或者利用文件分享软件等方式，将作品、表演、录音录像制品置于信息网络中，使公众能够在个人选定的时间和地点以下载、浏览或者其他方式获得的，人民法院应当认定其实施了前款规定的提供行为”。这里所说的作品提供行为是指将作品置于向公众开放的一切可存储信息的硬件存储介质中，如网站、个人电脑、手机等。

简而言之，信息网络传播权所控制的行为需满足两个要件：一是将作品放入自己的存储介质中，即通常所说的将作品上传至自己所能控制的服务器中；二是未经许可将存储介质中的作品向公众开放或者共享，使公众可以在个人选定的时间、地点获取。如果仅提供作品链接，或者虽然存储于自己的存储介质但未对外公开，则不属于信息网络传播权控制的行为。

在上述案例中，为了确定小抱公司是否侵犯了大腿视频公司的信息网络传播权，首先要明确小抱公司的传播方式。经审查，小抱公司利用的是其购买的大腿视频公司会员账号，根据用户的搜索内容提供搜索结果，在用户选择相应播放源内容后，跳转至原视频播放平台为用户登录大腿视频公司会员观看。也就是说，小抱公司没有先行上传及存储行为，提供的是大腿视频公司享有信息网络传播权的合法视频播放链接，不属于信息网络传播权控制的行为，既非直接侵权也非帮助侵权，不构成侵犯信息网络传播权。

（二）不正当竞争行为

根据《反不正当竞争法》的规定，不正当竞争行为是指违反公平竞争、诚实信用原则和公认的商业道德，扰乱正常的市场交易秩序，使其他经营者的合法权益受到损害的行为。一般来说，构成不正当竞争的前提是双方之间存在竞争关系，不在同一经营领域中又没有上下游关系的无竞争关系主体之间一般不会产生不正当竞争。另外，经营模式是否违反了诚实信用原则和行业公认的商业道德，是否损害了他人的合法权益，也是其是否应承担相应民事责任的必要条件。

虽然《反不正当竞争法》具体列举了15种典型的不正当竞争行为，但是市场经营模式的多样性导致了不正当竞争行为的具体表现形式更为多样，在实践中出现了一些非典型的不正当竞争行为。这样的竞争行为若违反了“经营者在生产经营活动中，应当遵循自愿、平等、公平、诚信的原则，遵守法律和商业道德”的原则性规定，扰乱市场竞争秩序，损害其他经营者或消费者的合法权益，也可能构成不正当竞争行为。

在互联网领域，随着互联网技术的发展，大大小小的互联网公司激增，行业竞争激烈，依托于互联网的不正当竞争行为日益增多。加上互联网行业本身的技术性，使得利用互联网技术成为开展不正当竞争的主要手段，并且更具有隐蔽性。

《反不正当竞争法》第十二条第二款规定了利用互联网实施不正当竞争的行为，即经营者利用技术手段，通过影响用户选择或者其他方式，实施妨碍、破坏其他经营者合法提供的网络产品或者服务正常运行的行为。判断是否构成互联网领域的不正当竞争，关键在于认定行为者是否利用技术手段妨碍、破坏了他人网络产品或者服务的正常运行。

竞争的本质是对经营资源和商业机会的争夺。在上述案例中双方同为互联网视频行业的经营者，大腿视频公司作为知名视频平台，掌握优质商业资源，也积累了大量用户和流量。而小抱公司作为新兴创业公司却采用走捷径的方式，未经大腿视频公司及其他知名平台的同意，利用他人的付费会员服务进行共享，以极低的成本擅自使用其他平台的竞争资源用于自己 APP 平台的有偿经营并获取利益。这种做法影响了其他平台的正常收益及用户的有序增长，违反视频行业公认的经营规则，扰乱了竞争秩序。

互联网不是法外之地，为了促进互联网行业健康有序发展，目前我国对于互联网不正当竞争行为的关注度不断提高，规制机制正逐渐完善，惩处力度也日益加大，绝不姑息任何不正当竞争行为。但是随着各种新型经营模式的出现，许多不正当竞争行为成了“披着羊皮的狼”，这就需要我们擦亮双眼，甄别出这些不当做法。尤其需要鉴别目前各个领域中所宣称的“共享经济”模式，警惕“挖墙脚”攫取他人商业资源为自己牟利，干扰行业正常经营活动的假“共享”、真“盗取”的不正当竞争行为。

（三）“共享经济”模式的甄别

“共享经济”模式多指依托于互联网整合社会闲置资源，使不同主体通过出让和使用闲置资源共同获得经济红利的一种经营模式。生活中常见的“共享单车”“共享充电宝”“顺风车”都是这一模式的应用。从上述定义不难看出，共享应以各方互利共赢为前提，以不得损害他人的合法权益为界限。其遵循的仍旧是“诚实信用，公平等价，合法自愿”这一基本经济规律。在具体实践中，可以从以下几点去甄别是不是“共享经济”。

首先，“共享经济”模式以互利共赢为前提。“共享经济”模式的终极目标与其他类型的经营模式基本一致，也是实现物尽其用，提高利用效率进而促进全社会的经济效益最大化。对于“共享经济”中闲置资源的供给方而言，其出让资源的目的是将自己的资源通过第三方平台共享给其他需要的人使用，自己也会获得一定对价，互联网为这种应用提供了技术支持。平台作为供给方资源整合主体，将资源出让者与平台注册用户链接起来，实现资源的共享。在这一运作过程中，资源供给方的损失被获得的报酬冲抵，并不会遭受其他额外损失。平台用户通过支付低于完全获得专属资源的使用费来满足自己的需求，共享平台的盈利收入也来源于此。

其次，“共享经济”模式以符合正常的商业经营规则为参照，不干扰正常行业经营活动。“共享经济”虽然是一种新型经营模式，但仍然遵循基本的行业发展规律，在“供给者—共享平台—使用者”之间达成动态平衡，实现资源的高效分配。任何违背基本行业规范的“共享模式”都是打着共享之名获取非法利益的不正当竞争行为。小到网络存储空间用户恶意分享传播他人享有著作权的作品扰乱互联网云存储服务秩序，大到非法恶意吸收公众资金扰乱国家金融市场秩序。因此，如果该“共享经济”模式完全违背一般行业经营规律，此时就需要擦亮双眼，评估其是否造成了该行业的秩序混乱。

上述案例中，小抱公司的经营模式是利用大腿视频公司投入大量资金获取的影片资源为自己牟利。小抱公司所称的提高了大腿视频公司 VIP 会员的利用率，实际是以极低的成本攫取他人的合法商业资源，以损害对方的经营利益为代价获得收益。小抱公司的行为看似为其用户提供了性价比更高的服务，免去了用户购买各大视频网站会员服务的麻烦，系“一站式”的会员服务。但这种靠攫取他人利益牟利的行径，只会破坏良性的竞争环境和激励创作传播的机制，最终导致合法经营者没有动力通过经营活动来丰富互联网内容资源，改善互联网服务，最终殃及网络用户。

因此小抱公司的行为并不符合“共享经济”互利共赢的初衷，其损人利己的做法与共享经济的真正含义相去甚远，也与一般的行业经营规律不符。虽然对新业态、新商业模式应保持一定的司法宽容，但对违背诚实信用原则和公认的商业道德，不正当地破坏商业经营秩序的行为，应坚决予以规制，为经营者提供良好的经营环境。

通过以上两点基本能够正确甄别“共享经济”，也能够将虚假的“共享经济”类型纳入不正当竞争行为的法律规制框架之内，保证社会主义市场经济的健康有序发展。

知识拓展

（一）侵害信息网络传播权行为的“服务器标准”

信息网络传播权控制的是信息传播行为。“服务器标准”是指信息的传播依赖于一定的存储介质，将存储介质作为向公众开放的服务器，实现信息的转存与传播。传输的对象是数字化的作品形式，本质上传输的是信息。信息在一定的存储介质中完成“上传—传输—接收”等一系列过程。“服务器标准”将传播行为限定在初次上传，完成上传行为后将传播行为控制在自己的行为范围之内，而对传播行为的控制也通过对作为存储介质的“服务器”的控制实现。因此，“服务器标准”作为信息网络传播行为的认定标准具有合理性。

（二）不正当竞争行为与互联网著作权侵权行为的联系

《著作权法》保护的是著作权人的智力成果，使得著作权人能够利用自己的这些成果在社会竞争中获得排他性的垄断地位与竞争优势，防止他人不正当利用。从这一点来看，其与《反不正当竞争法》的立法目标基本一致。正因如此，在实践中不正当竞争行为与著作权侵权行为经常会发生竞合。不正当竞争行为的表现形式多种多样，与互联网著作权侵权行为有关的主要有盗播行为、擅自套用文字作品及卡通形象的行为等。

在司法实践中，随着经济社会的发展，某些涉及作品利用的行为不能被放入《著作权法》的规制范围，致使权利人的权益不能得到合法保护。此时，《反不正当竞争法》可以为著作权提供附加保护，起到补充作用。此外，经营者侵犯有竞争关系经营者的著作权时，两者会发生侵权行为的竞合，对此原告可以一并主张。

普法提示

本案例从视频平台利用“共享会员”模式开展经营是否侵害他人信息网

络传播权、是否构成不正当竞争出发，进一步分析侵害信息网络传播权行为与不正当竞争行为的认定。根据侵害作品信息网络传播权的重要条件是将传播内容上传至受自己控制的网络服务器，使公众可以自行获取这一要点，结合小抱公司仅提供播放跳转链接服务这一事实，法院认为小抱公司的行为不是受信息网络传播权控制的行为。而对于是否构成不正当竞争行为，在不满足法律列举的典型行为时，主要考量行为人的经营模式是否违反自愿、平等、公平、诚信的原则及法律和商业道德，是否对他人正常的经营活动造成了不利影响，在本案中，小抱公司的行为显然属于不正当竞争行为。

在“互联网 +X”的今天，信息是最为宝贵的资源，谁掌握足够多的信息便会获得竞争优势。在互联网领域，信息即意味着流量，足够多的流量又会带来利润。互联网著作权侵权中信息网络传播权侵权案件大多针对能够带来流量的各种信息资源，如影视剧、文字作品、图片等。相比于侵害作品信息网络传播权，不正当竞争行为对行业整体经营规则的影响较大。鉴于此，法院对于不正当竞争行为认定比较谨慎，主张他人构成不正当竞争行为的一方需承担比较多的证明责任。著作权侵权与不正当竞争一般情况下不会发生竞合，后者对前者起到补充作用，当两者确实发生竞合时，原告可以一并主张。

合理区分界定不同行为的性质是准确适用法律的前提，国家鼓励创新创业不意味着容忍违法违规行为。法律作为一种社会规范，必须对社会中出现的新情况进行合理的反馈，明晰合法与非法的界限，为经济社会发展保驾护航。

在经营活动中，尤其是对于资源的获取上，永远不要抱有侥幸心理，妄想利用他人合法资源为自己谋取利益。法律既保护权利人，也为所有人设定了基本的行为准则。如何合理利用信息资源，有序开展商业活动，需要做到以下几点：

首先，明确资源的来源，确定权利人，从合法渠道获得信息资源。除了本案例所涉及的影视剧，在实践中擅自使用他人摄影作品、文字作品也容易构成侵犯信息网络传播权的行为，如将他人摄影作品或文字作品用于自己认证的公众号或网站上。在互联网中传播信息时，若需要利用他人掌握的资源，一定要通过合法渠道获得，避免直接“百度一下”“复制粘贴”“下载存储”。

举个例子，当使用摄影作品时，可以登录图片公司网站进行购买后使用，权利人为个人的，尝试获得权利人的合法授权。当使用文字作品时，要首先关注文章前后有无“禁止转载”字样，若有，如果不是必须使用可以放弃转载，如果必须使用同样需要联系作者获取授权。因为著作权法并未强制要求权利人署名，类似资源未标明权利人等信息时最好不要随意使用。

作为网络平台服务提供者必须尽到基本的注意义务，在平台显著位置明示用户对于侵权行为的举报途径，并且在接到举报后及时进行删除处理。若主张上传行为系平台注册用户所为，那么平台经营者应当能够提供真实有效的用户注册信息。

其次，采用“共享经济”等类似新型经营模式时，要做好风险预估及合法性评估。任何经营行为都不能逾越法律底线，不要只看中商机而忽视了合法性，“投机取巧”的行为轻则遭受道德谴责，重则受到法律严惩。“共享经济”的本质是互利共赢，共享他人资源的前提是获得资源所有者的授权，并且向出让者支付一定的对价。如果以盗用或者极低的价格在权利人不知情的情况下获取资源用于经营，不仅有失公平，更会打破行业基本的竞争规则，打击优势竞争主体拓展资源的积极性，构成不正当竞争。

最后，一旦进入诉讼程序中，原被告双方都要积极应诉。

对于原告而言，首先要明确诉讼请求及事实与理由，根据收集的证据合理主张著作权侵权与不正当竞争。需要注意的是，对于财产性著作权，如本讲所涉及的信息网络传播权，若主张赔礼道歉，一般不会得到支持。另外，主张不正当竞争的证明标准较高，要求证据充分，一定要做好证据的收集与保全。同时，需要整理好证明自己系合法权利人的权属证据、证明被告有侵权事实的侵权证据以及证明自己遭受损失的其他证据等。

作为被告，接到法院传票后不要回避诉讼，要及时处理，积极答辩并提交证据。一般来说，若自己非恶意侵权且有合法授权的，一定要提供授权材料。即使确有侵权行为，也可以从侵权情节上着手进行举证，如针对公众号平台或者网站信息网络传播权侵权，可以举证公众号的关注人数、网页文章的浏览人数等证明未造成严重后果，传播范围有限。总之，被告在应诉时切忌消极懈怠，如果不发表任何意见不出示任何证据，就是在放弃法律赋予的权利。

案例七

域名应当归谁所有？

——解析域名“先申请先注册”原则与例外

李威娜[1]　张乃毓[2]

案情回顾

这是一起因购买域名引起的纠纷。

爱美丽公司是一家经营化妆品的公司。2018 年 9 月 19 日，香港 MF 公司许可爱美丽公司在化妆品产品上使用“RuoMi”商标（核定使用商品为第 3 类洗面奶、防皱霜、化妆品等），并同意将该商标转让给爱美丽公司。爱美丽公司第二天就向商标局提出了商标转让申请。随后，为推广产品方便，爱美丽公司又在 2018 年 12 月 19 日购买了主要部分和“RuoMi”商标完全相同的域名“ruomi.cn”。这个域名最初由爱域名网络公司在 2011 年 5 月 22 日注册，其间几经转手，最终由爱美丽公司购得。

好景不长。2019 年 3 月 1 日，高智能公司针对“ruomi.cn”域名将爱美丽公司投诉至香港国际仲裁中心。爱美丽公司称没有收到香港国际仲裁中心转送的投诉书和相关材料，失去了答辩机会。6 月 12 日，香港国际仲裁中心作出裁决书，裁决高智能公司的投诉成立，争议域名应当转移给高智能公司。7 月 9 日，依据香港国际仲裁中心的仲裁结果，“ruomi.cn”域名被转移至高智能公司。爱美丽公司发现域名被转走后，向北京互联网法院提起诉讼，要求确认“ruomi.cn”域名归爱美丽公司所有。

爱美丽公司诉称，高智能公司向香港国际仲裁中心投诉的理由不能成立，爱美丽公司在购买“ruomi.cn”域名之前已经受让了“RuoMi”商标，并

---

① 北京互联网法院立案庭（诉讼服务中心）法官。

② 北京互联网法院审判管理办公室（研究室）法官助理。

获得了“RuoMi”商标的使用权，对“ruomi.cn”域名享有在先权益。高智能公司成立于2018年7月，提出域名投诉时其所经营的手机还没有在中国市场销售，获得授权的“Ruo Mi”商标没有任何知名度，而且，高智能公司经营的手机和爱美丽公司经营的化妆品产品完全不同，不可能导致消费者误认。因此，香港国际仲裁中心的仲裁结果错误，高智能公司应当将“ruomi.cn”域名返还给爱美丽公司。

高智能公司辩称，爱美丽公司获得商标权利和域名的时间远远晚于高智能公司享有在先权利的时间。从2010年起，高智能公司的关联公司就开始使用“Ruo Mi”作为宣传标识，并于2010年12月17日向商标局申请商标注册。2011年12月28日，“Ruo Mi”商标被核准注册（核定使用商品为第9类手机、电传真设备、移动电话等）。至2018年上半年，“Ruo Mi”商标具备了极高的知名度，为相关公众所知悉。此外，爱美丽公司在获得“ruomi.cn”域名时，没有对应的商标专用权或其他合法有效的在先权利，没有在购买域名后进行实际使用，甚至没有化妆品生产、委托生产的资质，其在明知高智能公司的“Ruo Mi”商标具有极高知名度的情况下，获得域名且不使用，具有明显恶意，有囤积域名以便日后高价售卖的“投机”意图，香港国际仲裁中心的裁决应当被维持。

法院经审理后认为，域名注册服务原则上实行“先申请先注册”。除了域名的注册、使用行为侵犯他人在先权利或者构成不正当竞争外，由在先申请注册者享有域名的相关权益。本案中，“ruomi.cn”域名的注册时间是2011年5月22日。高智能公司“Ruo Mi”商标的注册时间是2011年12月28日，晚于“ruomi.cn”域名的注册时间。因此，对于高智能公司的“Ruo Mi”商标而言，“ruomi.cn”域名的注册行为不符合应当被认定为侵权或者不正当竞争的条件，具有正当性。

在域名注册这一市场竞争领域，享有相关的注册商标专用权，并不当然享有与相关商标或企业名称相同或近似的域名的权益。如果他人在先正当注册了相关域名，其他市场经营者均应承受不能再注册该域名的不利后果。本案中，虽然“ruomi.cn”域名的主要部分与高智能公司现有的“Ruo Mi”商标相同，但该域名的注册时间早于“Ruo Mi”商标的注册时间，高智能公司不当然享有“ruomi.cn”域名的权益。爱美丽公司于2018年9月19日受让且被授权在化妆品产品上使用“RuoMi”商标后，又合法购买了“ruomi.cn”域名，该域名的主要部分“ruomi”与“RuoMi”商标完全相同，因此，爱美丽公司受让取得“ruomi.cn”域名的行为，具有正当理由，不违反法律规定。

此外，虽然爱美丽公司提供的证据不足以证明已经对“ruomi.cn”域名进行了解析使用，但自爱美丽公司购买该域名到域名被转移至高智能公司仅7个多月的时间，不足以据此得出原告受让域名后长期空置、具有明显恶意的结论。高智能公司也没有证据能够证明爱美丽公司存在“搭便车”“高价售卖”“向被告索取巨额的商业利益”等行为。因此，法院判决域名“ruomi.cn”归爱美丽公司所有。

法理分析

关于本案，有几个问题需要进一步说明。

（一）什么是“先申请先注册”？

所谓域名，简单地说，就是在互联网上用于识别和定位计算机的名称，具有独一无二性。在互联网时代，企业拥有自己的域名，建立自己的网站，对推广营销、开拓市场、提升企业形象等都具有重要的价值和意义。因此，域名也经常成为商家必争之地。为了规范互联网域名的管理和服务，国家工信部制定了《互联网域名管理办法》（以下简称《管理办法》）。《管理办法》第二十六条规定，域名注册服务原则上实行“先申请先注册”，相应域名注册实施细则另有规定的，从其规定。

所谓“先申请先注册”，简而言之，就是谁先申请注册，域名就属于谁。而且，根据《管理办法》和相关文件规定，域名注册管理机构仅审查注册域名是否与他人已有的域名构成重复、是否含有法律、行政法规禁止的内容，以及对域名注册信息的真实性、完整性进行核验，并不对域名可能造成的与其他在先知识产权的冲突进行实质审查。那么，注册、使用域名的行为侵害了他人在先合法权益的话，该怎么办？

（二）“先申请先注册”原则之例外

如果域名的注册、使用行为侵犯了他人的在先权利或者构成不正当竞争，“先申请先注册”原则将不再适用，被侵权者可以通过起诉或者向域名争议解决机构投诉，从侵权行为人（也就是域名注册者）手中获得这个域名的控制权。根据《最高人民法院关于审理涉及计算机网络域名民事纠纷案件适用法律若干问题的解释》（以下简称《域名纠纷解释》）第四条的规定，必须同时满足以下四个条件，域名的注册、使用行为才构成侵权或者不正当竞争：一是主张域名侵权或者构成不正当竞争的一方拥有合法有效的民事权益。二是域名或其主要部分构成对主张域名侵权或者构成不正当竞争的一方所有的驰名商标的复制、模仿、翻译或音译；或者与其注册商标、域名等相同或近似，足以造成相关公众的误认。三是注册、使用域名的人对该域名或其主要部分不享有权益，也无注册、使用该域名的正当理由。四是对域名的注册、使用具有恶意。这四个要件必须同时具备、缺一不可。

在上述四个要件中，前三个客观要件相对比较容易判断，而第四个主观“恶意”的标准相对模糊，那么，哪些情况的存在可以证明注册、使用域名的一方主观上具有恶意呢？《域名纠纷解释》紧接着在第五条第一款进行了补充规定，具有下列情形之一的，法院应当认定域名的注册、使用行为具有恶意：一是为商业目的将他人驰名商标注册为域名的；二是为商业目的注册、使用与原告的注册商标、域名等相同或近似的域名，故意造成与原告提供的产品、服务或者原告网站的混淆，误导网络用户访问其网站或其他在线站点的；三是曾要约高价出售、出租或者以其他方式转让该域名获取不正当利益的；四是注册域名后自己并不使用也未准备使用，而有意阻止权利人注册该域名的；五是具有其他恶意情形的。这五种情况，只要具备其中一种，即可构成“恶意”。

如果域名的注册、使用行为侵犯了他人的在先权利或者构成不正当竞争，应当停止侵权、注销域名或者由被侵权方注册使用该域名，造成实际损害的，还应当赔偿损失。

知识拓展

（一）域名争议的解决途径有哪些？

本案中有一个特殊的程序环节，那就是高智能公司首先将这一域名权属纠纷向香港国际仲裁中心提交了投诉书。香港国际仲裁中心作出有利于高智能公司的裁决之后，域名注册服务机构基于这一裁决将域名转移给了高智能公司。此后，爱美丽公司才将高智能公司起诉至法院，要求确认“ruomi.cn”域名归爱美丽公司所有。那么，香港国际仲裁中心的仲裁和法院对本案的审理之间是什么关系？

《管理办法》第四十二条规定，“任何组织或者个人认为他人注册或者使用的域名侵害其合法权益的，可以向域名争议解决机构申请裁决或者依法向人民法院提起诉讼”。由此，就域名的注册、使用产生争议的双方可以向域名争议解决机构申请裁决，也可以向法院提起诉讼，二者是并列的、选择其一的关系，向域名争议解决机构申请裁决不是向法院提起诉讼的前置条件，域名争议解决机构的仲裁裁决对法院域名争议案件的审理也不具有拘束力。

（二）什么是“在先权利”？

“在先权利”这个概念来自《商标法》。《商标法》第九条第一款规定：“申请注册的商标，应当有显著特征，便于识别，并不得与他人在先取得的合法权利相冲突。”该条规定位于总则部分。随后，《商标法》第三十条、第三十一条确认了保护在先注册、在先申请以及在同日申请的特殊情况下在先使用商标的规则，第三十二条则规定了“申请商标注册不得损害他人现有的在先权利，也不得以不正当手段抢先注册他人已经使用并有一定影响的商标”。从多年司法审判实践来看，第三十二条规定的在先权利包括姓名权、著作权、外观设计专利权、企业名称权等。

《最高人民法院关于审理注册商标、企业名称与在先权利冲突的民事纠纷若干问题的规定》就注册商标、企业名称的权利冲突处理进行规定，可结合相关法律或司法解释寻找适用依据。例如企业名称与在先注册商标相冲突，属于《最高人民法院关于审理商标民事纠纷案件适用法律若干问题的解释》第一条已明确的“属于商标法第五十七条第（七）项规定的给他人注册商标专用权造成其他损害的行为”；注册商标与在先企业名称相冲突，则应当依据《反不正当竞争法》第六条第二项的规定，“擅自使用他人有一定影响的企业名称”，认定被告的行为侵犯原告的企业名称权，构成不正当竞争。

最高人民法院曾专门就涉及知识产权权利冲突民事纠纷的法律问题出台过一版征求意见稿，其中第二条曾规定“审理涉及权利冲突的知识产权纠纷案件，人民法院应当依照保护在先权利、维护公平竞争和诚实信用的原则正确界定当事人的合法权益”。该条规定其实极具参考意义，保护在先权利可作为解决权利冲突的纲领性原则。

普法提示

（一）域名注册自由，但要避免侵害他人合法在先权益或者构成不正当竞争

在域名注册领域，应当坚持自由竞争原则，谁先申请，就由谁先注册域名。但是，在实践中，往往有人为了实现不正当的经济利益，在域名注册、使用过程中恶意囤积、侵害他人合法权益或者构成不正当竞争等，扰乱正常的市场竞争秩序。比如，有人注册囤积大量域名而不使用，意图将其转化为商品，进行高价售卖、出租等，以获得投机收益；有人故意将竞争对手的商标或者企业名称注册为域名，一方面使竞争对手没有办法再注册这个域名，另一方面也可以误导消费者点击自己的网站或者选择自己的产品或服务；还有人没有正当理由也不以使用为目的申请域名，长时间消极持有，以阻止其他人注册、使用这个域名等。

域名的真正价值在于合法、合理地使用。法律鼓励自由申请、注册域名，打击恶意侵害他人合法权益或者实施不正当竞争的行为。在注册域名时，要避免将他人的商标、企业名称或商品名称、包装、装潢等注册为域名，也不要擅自使用他人有一定影响的域名主体部分、网站名称、网页等，以免侵害他人合法在先权益或构成不正当竞争。

（二）发生争议，积极维护自身合法权益

第一，直面纠纷根源，充分运用法律途径维护自身合法权益。域名注册成功并不意味着可以一劳永逸，域名的注册、受让或使用行为都有可能引起纠纷。认为自身合法权益受损的一方，可以采取向域名争议解决机构投诉或直接向法院起诉的方式寻求救济。如果向域名争议解决机构投诉，根据《国家顶级域名注册实施细则》第四十八条的规定，域名争议解决机构裁决注销域名或者将域名转移给投诉人的，自裁决在争议解决机构网站正式公布之日起满十日的，域名注册服务机构应予以执行。被投诉人自裁决公布之日起十日内，提供有效证据证明有管辖权的法院或者仲裁机构已经受理相关争议的，争议解决机构的裁决暂停执行。所以，域名注册者如果收到来自域名争议解决机构的受理通知书，切勿置之不理或消极应对，应当积极答辩，维护自己的合法权益。

第二，提升维权意识，积极主动保存证据，以应对可能存在的法律风险。在判断域名注册、使用行为是否构成侵权或者不正当竞争时，域名注册、使用人在主观上是否具有“恶意”是关键因素。因此，域名的注册、使用人应当注意保全能够证明自己善意注册或善意使用的证据，例如域名解析网站运营行为的邮件往来、网页截图，使用域名的商品或服务订单或合同，证明自身经营已形成一定知名度的媒体报道、店铺留言评论，以及证明域名使用目的为非商业性质的相关证据等。如提前预测到可能与他人商品服务发生混淆，应当在自身网站显著位置标明区别、来源等相关信息，以免发生误认。该标识也可作为自身合理使用目的的有力证据。

图书在版编目 (CIP) 数据

网络著作权纠纷典型案例解析 / 北京互联网法院编 .—北京：中国法制出版社，2021.12

（法官说法丛书）

ISBN 978-7-5216-2136-5

Ⅰ . ①网… Ⅱ . ①北… Ⅲ . ①著作权—民事纠纷—案例—中国 Ⅳ . ① D923.415

中国版本图书馆 CIP 数据核字（2021）第 176757 号

责任编辑：李宏伟　　封面设计：杨泽江

网络著作权纠纷典型案例解析

WANGLUO ZHUZUOQUAN JIUFEN DIANXING ANLI JIEXI

编者 / 北京互联网法院

经销 / 新华书店

印刷 / 三河市国英印务有限公司

开本 / 710 毫米 ×1000 毫米　16 开　　印张 / 12.5　字数 / 184 千

版次 / 2021 年 12 月第 1 版　　2021 年 12 月第 1 次印刷

中国法制出版社出版

书号 ISBN 978-7-5216-2136-5　　定价：40.00 元

北京市西城区西便门西里甲 16 号西便门办公区

邮政编码 100053　　传真：010-63141852

网址：http://www.zgfzs.com　　**编辑部电话：010-63141796**

市场营销部电话：010-63141612　　**印务部电话：010-63141606**

（如有印装质量问题，请与本社印务部联系。）